Junge Buddhas

Lisa Desmond

Junge Buddhas

Meditation für kleine und große Kinder

Aus dem Englischen übersetzt
von Juliane Molitor

Lotos

Die Originalausgabe erschien 2004
unter dem Titel »Baby Buddhas«
im Verlag Andrews McMeel Publishing,
Kansas City, USA.

Lotos Verlag
Lotos ist ein Verlag der Verlagsgruppe
Random House GmbH.

ISBN 3-7787-8176-6

1. Auflage 2005

Fotografien: Katrina Webster
Fotografie der Autorin S. 157: Kimberly Ireland

Einbandgestaltung: HildenDesign, München,
unter Verwendung einer Fotografie von © Julie Toy / Getty Images
Gesetzt aus der The Sans bei HildenDesign, München – Andrea Barth
Druck und Bindung: Offizin Andersen Nexö Leipzig GmbH

Dem Kind in uns allen,
dessen wahres Zuhause die Liebe ist.

Sophie, zwei Jahre alt

INHALT

Die Spirale, die in diesem Buch immer wieder auftaucht, steht für unsere innere Reise zur Selbsterkenntnis und für unsere äußeren Bemühungen, alles zu vereinen, was ist.

Namaste – Hadley, drei Jahre alt

Einleitung

»Kürzlich, als Avery gefragt wurde ›Wie fühlt es sich an zu meditieren?‹, zeigte sie auf ihr Herz und auf ihren Kopf und sagte: ›Ich mache mein Herz auf und habe liebevolle Gefühle.‹«

Mutter der zwei Jahre alten Avery

Die Meditationen in diesem Buch geben Kindern ein Werkzeug, das sie täglich nutzen können, und zwar ein Leben lang. An den Vorschulkindern, die ich unterrichte, sehe ich Tag für Tag, wie Meditation wirkt. Ich habe beobachtet, wie sich Kinder, die unter dem Verlust eines lieben Menschen leiden, ebenso wie traurige, ängstliche, hyperaktive oder wütende Kinder durch Meditation entspannen und plötzlich wieder ganz im Frieden mit sich und der Welt sind. Das Meditieren hilft ihnen beim Einschlafen und beruhigt sie, wenn sie Angst haben, aufgeregt oder besorgt sind. Es gibt ihnen eine Möglichkeit, sich in Zeiten der Trauer und des Kummers selbst zu trösten. Meditation hilft Kindern mit Lernschwierigkeiten, Konzentrationsstörungen und chronischen oder lebensbedrohlichen Krankheiten, durch Akzeptanz und Verstehen Selbstbewusstsein und Vertrauen aufzubauen. Ich habe erlebt, wie sich Kinder freuten, als wir eine Meditation zur Feier ihres Geburtstags oder des Geburtstags eines Geschwisterkindes machten. Ich habe die Erleichterung in den Gesichtern von Kindern gesehen, nachdem sie einem verstorbenen Verwandten oder Haustier Liebe geschickt haben. Auch Eltern erleben täglich, welche positiven Auswirkungen die Meditation auf ihre Kinder hat. Kinder singen sich mit »Aummm« in den Schlaf; schicken Freunden und Familienmitgliedern, die sie vermissen, Liebe; richten sich selbst einen Ort zum Meditieren ein, meditieren dort für sich allein und helfen sich damit selbst, mit ihrer Angst vor der Dunkelheit oder vor Trennung umzugehen. Oder sie nutzen die Meditation, um einen schönen Sonnenuntergang zu feiern oder die Ankunft eines neuen Brüderchens oder Schwesterchens. Meditation gibt Kindern Gelegenheit, Frieden, Freude und Liebe in eine Welt zu schicken, die sie erst noch verstehen müssen, und macht es ihnen möglich, sich Zeit zu nehmen und dankbar zu sein für alles, was sie haben, für die Menschen, die sie lieben, und für die Welt, in der sie leben.

Im Laufe meiner Studien habe ich viele Meditationsformen als interessant und bereichernd empfunden, aber die tibetisch-buddhistischen, hinduistischen und indianischen Meditationen sind diejenigen, die mich am meisten ansprechen und die sich daher auch in den Meditationen dieses Buches widerspiegeln. Von tibetischen Mönchen des Klosters Kopan in Nepal und von hinduistischen und tibetisch-buddhistischen Gelehrten in Nepal und Tibet habe ich kraftvolle Lehren erhalten, die meine Lebensqualität entscheidend verbessert haben. Während meines Aufenthalts in Asien konnte ich beobachten, dass Spiritualität in der Kultur dieser Völker allgegenwärtig ist – in ihrer Architektur, ihrer Malerei und Musik, in ihrer Sprache und in jeder ihrer Handlungen und Gesten. Mir wurde klar, dass westliche Kulturen vorwiegend mit Dingen außerhalb des Selbst beschäftigt sind, während sich östliche Kulturen nach innen wenden. Was ich auf meinen Reisen erlebt habe, bestärkte mich in meinem Glauben, dass Kinder lernen müssen, wie sie sich selbst und ihr Leben von innen nach außen erfüllen können. Sie werden sich entweder ein Leben lang fragen, wer sie eigentlich sind, und die Antworten außerhalb ihrer selbst suchen, oder sie finden den Ort des Gleichgewichts, der Harmonie und des Wissens in ihrem Innern. Ich habe herausgefunden, dass Meditation dazu führen kann, dass das authentische Selbst eines Kindes von innen nach außen durchscheint.

Früher habe ich in meinem Haus eine »ganz normale« Vormittagsbetreuung für Kinder von achtzehn Monaten bis drei Jahre angeboten. Als ich mich dann mehr für Meditation zu interessieren begann, spiegelte sich dieses Interesse allmählich in meinem Haus wider, und auch in mir selbst fanden gewisse Veränderungen statt. Ich ließ sanfte, beruhigende, heilsame Musik laufen. Ich fing an, Kristalle, Glocken, Klangschalen, Eintonglocken (Energy Chimes), Buddhastatuen, indianische Rasseln und Engel zu sammeln. Ich baute Altäre für die Devotionalien, die ich mitbrachte, und mit jedem neuen Stück wuchs das Interesse der Kinder. Sie fragten: »Darf ich diesen Kristall mal anfassen?« »Was ist das für eine Statue?« »Kannst du diese Glocke mal läuten?« »Zeig mir mal, wie diese Klangschale funktioniert.« »Wie heißt dieser Engel?«

Allmählich ersetzte ich die bekannten Kinderlieder durch die sanfte, beruhigende Musik, die ich jetzt selbst hörte, und konnte sehen, hören und fühlen, wie sich die Energie der Kinder entscheidend veränderte. Sie waren plötzlich viel ruhiger und schienen viel mehr im Frieden mit sich selbst zu sein. Ich fing an, ihnen etwas über Schwingung zu erzählen – und darüber, dass der Klang des Aum oder Om eine Schwingung ist, dass das Aum in allem und jedem ist und dass es der Klang der Liebe ist.

Angeregt durch das natürliche Interesse der Kinder und ihre Neugier fragte ich mich, ob Meditation etwas für so kleine Kinder sein könnte. Es wird angenommen, dass Vorschulkinder nicht reif genug sind für solche Erwachsenenaktivitäten. Andererseits haben Forschungen ergeben, dass ein Kind am meisten lernt, bevor es fünf Jahre alt ist. Also fing ich allmählich an, aus dem, was ich selbst lernte und praktizierte, Meditationen abzuleiten und neu zu entwickeln. Außerdem war ich offen und empfänglich für die Interessen und Bedürfnisse der Kinder, was zur Folge hatte, dass wir gemeinsam verschiedene Meditationsformen entwickelten, die alle Eingang in dieses Buch gefunden haben.

Das Buch ist in drei Teile gegliedert. Teil I, »Den Raum bereiten«, beschäftigt sich mit den Grundlagen des Meditierens, mit Atmung und Sitzhaltung, sowie mit der Terminologie dieses Buches und damit, wie man eine passende Atmosphäre zum Meditieren schafft. Dieser Teil ist als Richtlinie für alle Erwachsenen gedacht, die selbst meditieren und Kindern das Meditieren beibringen möchten.

Teil II, »Meditationen für Erwachsene«, enthält drei Meditationen für Eltern und Lehrer. Ich habe sie von Meditationen abgeleitet, die ich selbst in Nepal und Tibet kennen gelernt habe. Diese Meditationen machen Erwachsene mit der Praxis des Meditierens vertraut, geben ihnen die Möglichkeit, sich auf sich selbst, andere und die Welt um sich herum zu konzentrieren, und damit das Vertrauen und die Basis zu schaffen, die nötig sind, um Kindern ein guter Lehrer zu sein.

Teil III, »Meditationen für Kinder«, enthält zehn Meditationen für Kinder – von ganz einfach bis recht komplex –, wobei jede Meditation auf der vorhergehenden aufbaut. Diese Meditationen machen Kindern klar, dass Liebe stets in ihnen ist. Was immer auch in ihrem Leben geschehen mag, wenn der Same einmal gesät ist, haben sie ein Hilfsmittel, auf das sie stets zurückgreifen können.

Die »Sonnenscheinmeditation«, »Der reinigende Atem« und »Den Segen einfangen« wurden entwickelt, während sich in einigen Schulen unseres Landes tragische Ereignisse abspielten. Ich fragte mich damals, welche inneren Qualen ein Kind wohl hatte erleiden müssen, um in solch zartem Alter derartige Gewalttaten zu begehen. Und wie konnte ich bei den mir anvertrauten Kindern verhindern, dass es jemals so weit kommen musste? Die »Sonnenscheinmeditation« baut Selbstwertgefühl auf. Die Kinder lernen, Sonnenschein einzuatmen, den Sonnenball der Liebe in sich immer größer und glänzender werden zu lassen und ihr ganzes Selbst mit Liebe zu erfüllen. Die »Aum-Meditation« zeigt Kindern, dass Liebe immer im Überfluss vorhanden ist. »Der reinigende Atem« lehrt sie, dass sie Gedanken und Gefühle, die sie traurig oder wütend machen oder die bewirken, dass sie sich schlecht fühlen, einfach loslassen und durch Gedanken und Gefühle ersetzen können, die ihnen Liebe, Freude und Frieden bringen. »Den Segen einfangen« macht Kindern deutlich, dass Liebe sie immer und überall umgibt, und fordert sie auf, sich umzuschauen, bereit zu machen und die Liebe, von der sie umgeben sind, einzuladen und in sich aufzunehmen.

»Die Glocke einladen« vermittelt die Vorstellung, dass Liebe ausgesandt und empfangen werden kann. Ich sage: »Wenn ich diese Glocke anschlage, ist ihr Klang der Klang meiner Liebe, der euch sagt, wie sehr ich euch liebe und wie glücklich ich bin, dass ihr hier bei mir seid.« Dann schlage ich die Glocke an und wir sind ganz still und lauschen, bis sie verklungen ist.

Ich wohne in einem alten Bauernhaus an einem See, und wir verbringen viele Tage im Freien. Die »Gehmeditation« entstand, als ich den Kindern erklärte, wie wichtig es ist, respektvoll mit den Bäumen, den Pflanzen, den Insekten und den anderen Tieren umzugehen. Im Laufe der Jahre haben die Kinder unterschiedlichen Bäumen und Bereichen auf dem Gelände des Bauernhofs Namen gegeben, die wir in dieser Meditation benutzen. Ich blase dreimal in mein tibetisches Horn und rufe damit den Vögeln, den Fröschen, den Insekten und den Kaninchen zu: »Aufgepasst, die

Kinder kommen!« Dann gehen wir zusammen und singen im Sprechgesang »Liebe soll uns führen«, bis wir zum »Vogelbaum« kommen. Dort sagen wir: »Danke, lieber Vogelbaum, dass du dich so gut um die Vögel kümmerst.« Dann wandern wir zur »Katzenschwanzbrücke« und sagen: »Danke, Katzenschwanzbrücke, dass du auf uns aufpasst und uns sagst, wir sollen nicht zu nah kommen, weil da, wo du bist, Wasser fließt.« Als Nächstes wandern wir zum »Geldbaum« und sagen: »Danke, Geldbaum, für alle Gaben der Natur.« Dann rennen wir um den »Kreis der Liebe« (ein etwa kreisförmig gemähtes Stück Wiese) und singen »Liebe ist um uns herum«. Dann halten wir an der »Kobrakreuzung« an (einem aus der Erde ragenden Stock, der aussieht wie eine Kobra) und sagen: »Danke, liebe Kobra, dass du auf unseren Strand aufpasst.« Und schließlich gehen wir zum Strand, werfen Steine ins Wasser und sprechen ein Gebet, in dem wir uns für alle Geschenke der Natur bedanken.

Die »Dankbarkeitsmeditation« wurde nach einer Kindergeburtstagsfeier entwickelt. Eine Klassenkameradin des Geburtstagskindes war unzufrieden, weil sie weder Geschenke bekommen hatte, noch die Geburtstagskerzen ausblasen durfte. Daher wollte ich den Kindern beibringen, wie wichtig es ist, sich für andere freuen zu können. Wir bedankten uns für all die Geschenke und die Aufmerksamkeiten, die unser Freund zu seinem Geburtstag bekommen hatte, und brachten auch unsere Dankbarkeit dafür zum Ausdruck, dass er auf der Welt war: »Wir sind so dankbar dafür, dass unser Freund Jack geboren wurde.« Mittlerweile mache ich diese Meditation immer, wenn ein Kind Geburtstag hat. Ich habe das Gefühl, die Kinder lernen dadurch, sich füreinander zu freuen, und erfahren, wie es sich anfühlt, wenn andere sich für sie freuen.

In der »Klangschalenmeditation« lernen Kinder etwas über die Verbindung von Schwingung und Klang – von Schwingung und Klang der Schale und von Schwingung und Klang des Selbst. Eine Klangschale, die auf der flachen Hand steht und dadurch zum »Singen« gebracht wird, dass man mit dem Holzklöppel an ihrem Rand entlangfährt, erzeugt einen wunderschönen Klang und ein Kribbeln auf der Handfläche. Ich sage den Kindern: »So fühlt sich eure Liebesschwingung an, und so klingt sie.«

Die »Kristallmeditation« stärkt Kinder auf positive Weise. Ich habe sie entwickelt, weil ich den Kindern beibringen wollte, liebevoll zu sprechen, liebevoll zu berühren und liebevoll zu denken. Die Idee dahinter ist, dass wir zwar alle von Liebe erfüllt sind, aber dass diese Liebe manchmal »stecken bleibt«. Dann kann der Kristall helfen, die Blockade aufzulösen. Mit dieser Meditation möchte ich die Kinder daran erinnern, liebevoll zu sprechen, zu berühren und zu denken. Außerhalb der Meditation gebe ich ihnen den Kristall zum Halten, wenn sie etwas Unfreundliches mit den Händen getan, zum Beispiel ein anderes Kind geschlagen haben. Dann sage ich: »Halte diesen Kristall, bis deine Liebe wieder fließt. Wann es so weit ist, merkst du daran, dass deine Hände wieder liebevoll berühren wollen.« Meistens behalten die Kinder den Kristall eine Minute lang, konzentrieren sich, geben ihn zurück und erklären: »Meine Hände sind jetzt wieder ganz voller Liebe. Ich kann wieder sanft und liebevoll berühren.«

Die »Regenbogenmeditation« wurde entwickelt, nachdem der Großvater eines Kindes gestorben war. Es ging mir nicht nur darum, diesen kleinen Jungen und die anderen Kinder zu trösten, ich wollte ihnen auch zeigen, dass sie jedem Menschen Liebe schicken und von jedem Menschen Liebe empfangen können, selbst wenn dieser Mensch schon gestorben ist. Beginnend an der Basis der

Wirbelsäule ließen wir einen heilenden Regenbogen entstehen, welcher sich an dem System der sieben Chakren und ihrer Farben orientiert und durch den parallel zur Wirbelsäule liegenden Hauptenergiekanal bis zum Scheitel verläuft. Während dieser Meditation sagte ich: »Wir bauen unseren heilenden Regenbogen der Liebe auf – rot – orange – gelb – grün – blau – indigo – violett – und schicken ihn aus dem obersten Punkt unseres Kopfes hinaus. Wir schicken diesen Regenbogen der Liebe zu dem verstorbenen Großvater unseres Freundes. Unser Freund vermisst seinen Großvater, und sein Großvater vermisst ihn auch. Lasst uns den heilenden Regenbogen also bis in den Himmel schicken, zum Großvater unseres Freundes.« Das war eine sehr kraftvolle Meditation, und sie hat dieses Kind und seine Freunde in der Zeit der Trauer getröstet.

Ich glaube, dass wir alle mit allem geboren werden, was wir für unser Leben brauchen. Ich glaube, dass dieses Buch Kindern helfen wird, den Ort des Wissens und der Liebe in sich selbst zu finden – einen Ort, der ihnen immer zugänglich sein wird, was auch geschieht in ihrem Leben; einen Ort, an dem ihre Angst besänftigt und ihr Selbstwertgefühl aufgebaut wird und wo sie in Zeiten des Schmerzes und der Trauer Trost finden. Die Kinder werden lernen, ihren eigenen Geist ebenso bewusst wahrzunehmen und zu achten wie den Geist anderer Menschen und der ganzen Welt um sie herum.

Mögen die Meditationen in diesem Buch dazu beitragen, die Saat der Liebe und der Freundlichkeit auszusäen, und mögen sie unseren kostbaren Kindern ein Mittel geben, das diese Saat aufgehen und wachsen lässt.

Lisa

TEIL I

DEN RAUM BEREITEN

Die alten Meditationslehren sind mehr als 2500 Jahre alt. In diesem Buch werden sie respektiert und in Ehren gehalten, weil sie funktionieren und weil sie eine bewährte Grundlage für jede Meditationspraxis bilden.

Wenn Sie sich zum Meditieren hinsetzen, ob allein für sich oder als Lehrer, müssen Sie wissen, was Ihr Anliegen ist. Warum meditieren Sie? Was lehren Sie? Was sind Sie zu lernen bereit? Bevor ich mich zum Meditieren hinsetze, nehme ich mir Zeit, mich zu konzentrieren und meine Absicht zu formulieren. Das kann sein, zur Ruhe zu kommen, mich zu entspannen, mich auf eine Herausforderung oder ein Projekt zu konzentrieren, unerwünschte Gedanken und Gefühle anzuerkennen und zu klären, mein Selbstbewusstsein zu stärken, offener zu sein, die Liebe in mir zu wecken, mich selbst mit Liebe zu erfüllen, dem Göttlichen zu lauschen oder mit dem Göttlichen zu kommunizieren.

Meditation betrifft den ganzen Menschen – und natürlich ebenso das ganze Kind. Sie spricht alle Sinne an und hat nicht nur jedem energetischen Typ, sondern auch jedem Lerntyp etwas zu bieten. Die heilenden Klänge der Musik, die Glocken, die Klangschalen, die Eintonglocken, die Rasseln, die Lieder und Mantras, all das spricht uns auf der auditiven Ebene an. Die große Schale in der Mitte des Kreises, die interessanten Muster auf den Kissen, die Devotionalien und Bilder, die wir benutzen, sprechen uns auf der visuellen, die Haltung, in der wir sitzen, spricht uns auf der kinästhetischen Ebene an. Und unser Tastsinn wird stimuliert, während wir den Kristall in der Hand halten oder die Vibrationen der Klangschale auf der Handfläche spüren. Wir alle lernen über die Sinne, wobei ein Sinn ausgeprägter sein mag als der andere. Dennoch lernen wir über jeden von ihnen. Kinder lernen also nicht nur mit ihren stärker ausgeprägten Sinnen meditieren, sondern bekommen durch das Meditieren auch Gelegenheit, ihre anderen Sinne zu wecken und einzusetzen.

Durch Meditation werden Kinder angeregt, den Ort der Liebe in sich selbst zu finden, und damit haben sie die Chance, wahre Stärke zu entwickeln und ohne jede Einschränkung innerlich zu wachsen. Sie lernen still zu sitzen, sich zu konzentrieren, Verbindung mit ihrem inneren Selbst aufzunehmen und es zu achten.

Bevor ich mit Kindern meditiere, schließe ich die Augen, atme dreimal tief durch, um meinen Geist zu klären und meinen eigenen »Kram« loszulassen. Damit bin ich sauber, klar und präsent. Dann formuliere ich für mich meine Absicht, die zum Beispiel sein kann, die Kinder für die Liebe in ihrem Innern und um sie herum zu öffnen; sie daran zu erinnern, liebevoll zu sprechen, zu berühren und zu denken; sie zur Ruhe zu bringen; ihnen zu helfen, ihre zerstreute Energie zu fokussieren; einen schmerzlichen, beängstigenden oder verwirrenden Gedanken oder ein solches Gefühl loszulassen; einen Verlust oder ein unglückliches Erlebnis anzuerkennen oder zu würdigen; Freude oder Dankbarkeit zu empfinden. Dann spreche ich meine Absicht laut aus.

Arrangement für eine Gruppenmeditation

TIPPS FÜR EINE ERFOLGREICHE MEDITATIONSSITZUNG

- Sprechen Sie mit sanfter, liebevoller Stimme.
- Lächeln Sie.
- Seien Sie fröhlich, aber ernsthaft.
- Bewahren Sie Ihre Devotionalien auf Ihrem Altar auf und machen Sie den Kindern klar, dass sie nicht damit spielen dürfen. Diese Gegenstände sind keine Spielsachen.
- Üben Sie die Meditationen allein ein, um wirklich mit ihnen vertraut zu werden.
- Dämpfen Sie das Licht, wenn Sie abends meditieren.
- Halten Sie Augenkontakt, wo es angebracht ist.
- Geben Sie keinen Kommentar zu der Art ab, wie die Kinder atmen.
- Schreiben Sie den Kindern nicht vor, ob sie die Augen offen halten oder schließen sollen.
- Die Kinder werden Sie nachahmen – Ihre Art zu sprechen, Ihre Art zu atmen, Ihre Sitzhaltung und die Art, wie Sie Kopf und Hände halten. Seien Sie also einfach ein gutes Vorbild.
- Stellen Sie eine Klangschale, einen Kristall, ein Bild oder eine Statue in die Mitte des Kreises, damit die Kinder etwas haben, worauf sie sich konzentrieren können.

- Fangen Sie mit den kürzeren Meditationen an, und gehen Sie allmählich zu den längeren über.
- Seien Sie sich Ihrer Absicht bewusst. Was wollen Sie mit der Meditation vermitteln und warum?
- Beenden Sie eine Meditationssitzung auf sanfte Weise, wenn Sie das Gefühl haben, dass der richtige Zeitpunkt gekommen ist.
- Vertrauen Sie Ihrer Intuition.
- Warten Sie es ab. Bald werden Sie und die Kinder sich auf diese Meditationen freuen.

Den Meditationsraum vorbereiten

Die Räumlichkeit

Wählen Sie einen ruhigen Platz in Ihrem Haus oder Ihrer Wohnung, an dem Sie entspannen können. Der Raum sollte ein Spiegel oder eine Manifestation Ihres wahren inneren Selbst sein – ruhig, aufgeräumt, sauber und ordentlich. Der Raum soll Frieden ausstrahlen; Ihre Ohren, Ihre Augen und Ihr ganzer Körper sollen dort zur Ruhe kommen können. Das hilft Ihnen, sich auf eine erfolgreiche Meditation vorzubereiten.

Der Raum, den ich zum Meditieren benutze, liegt im hinteren Teil des Hauses. Er ist sauber und aufgeräumt, Kissen und andere Dinge, die zum Meditieren gebraucht werden, liegen dort bereit. Man kann dort Musik hören und das Telefon ist ebenso weit weg wie die Türklingel.

Wählen Sie einen Platz, an dem sich auch die Kinder wohl fühlen, und achten Sie darauf, die Devotionalien, die Sie während der Meditation benutzen, so aufzubewahren, dass den Kindern klar ist: Damit wird nicht gespielt; das sind keine Spielsachen. Ich stelle meine Devotionalien auf ein Regalbrett, das ich als meinen Altar bezeichne. Stellen Sie das Telefon entweder ab, oder sagen Sie den Kindern, dass Sie während der Meditation nicht ans Telefon gehen werden. Hängen Sie ein Bitte-nicht-stören-Schild an die Tür, und sagen Sie den Kindern, dass Sie die Meditation nicht unterbrechen werden, um die Tür zu öffnen.

KISSEN

Für die Kinder ordne ich Kissen im Kreis an und lege das größere »Lehrerkissen«, auf dem ich sitze, dazwischen. Der Kreis vermittelt ein Gefühl der Einheit und schafft gleichzeitig den Raum dafür. Außerdem macht er es möglich, Augenkontakt mit allen Teilnehmern zu halten, wenn dies für die Anleitung nötig sein sollte.

Jedes Kind sollte sein eigenes, ganz besonderes Kissen bekommen, das nur zum Meditieren verwendet wird. Ein festes quadratisches Kissen bietet ihm eine sichere und bequeme Unterlage zum Sitzen. Zwischen den Kissen sollte genügend Platz sein, damit sich die Kinder nicht gegenseitig stören, wenn eines von ihnen seine Meditationshaltung ändert.

KLANGSCHALE

Die Klangschale mit dem stoffumwickelten Holzklöppel stelle ich in die Mitte des Kreises. Ich liebe den Klang, den die Schale erzeugt, wenn sie angeschlagen wird, und die Kinder ebenfalls. Außerdem bietet die Schale den Kindern einen Konzentrationspunkt, auf dem sie ihren Blick ruhen lassen können.

Wenn ich zum ersten Mal mit Kindern meditiere, vor allem mit achtzehn Monate bis zwei Jahre alten Kindern, schlage ich die Schale öfter an als sonst. Das sorgt dafür, dass die Kinder konzentriert bleiben und automatisch auf die Schale schauen.

KRISTALL

Ich stelle die Gegenstände, die ich während der Meditation benutze, entweder in die Mitte des Kreises oder neben mein Kissen. Als Erstes arbeite ich immer mit einem Kristall, den ich auf meine Handfläche lege und dann an das Kind zu meiner Rechten weitergebe.

Kinder lernen unter anderem durch Berühren. Einen Kristall in der Hand zu halten fühlt sich interessant und neu an und gibt dem Kind Gelegenheit, mit allen Sinnen an der Meditation teilzunehmen.

ZEIT

Wählen Sie eine Tageszeit, die Ihnen und den Kindern passt. Sie brauchen fünf bis fünfzehn Minuten, je nach Anzahl der Kinder und je nachdem, welche Meditation Sie wählen. Meditieren Sie jeden Tag.

Sorgen Sie auch dafür, dass die Kinder keinen Hunger oder Durst haben und dass sie nicht krank oder zu müde sind. Schicken Sie sie zur Toilette oder wechseln Sie ihre Windeln, bevor Sie mit dem Meditieren beginnen.

EINE MEDITATION AUSWÄHLEN

In Teil III dieses Buches finden Sie zehn Kindermeditationen. Die Anleitungen für einfachere, kürzere Meditationen kommen zuerst. Die folgenden Meditationen bauen darauf auf und werden immer länger und komplexer.

Ich rate Ihnen, sich zunächst selbst ans Meditieren zu gewöhnen, indem Sie die Meditationen für Erwachsene machen, die in Teil II vorgestellt werden. Lesen Sie dann Teil III »Meditationen für Kinder«. Wenn Sie sich sicher fühlen und die erste Meditation mit Kindern machen möchten, bereiten Sie alles vor und probieren die entsprechende Meditation zunächst ohne Kinder aus. Dann können Sie sie gemeinsam mit den Kindern praktizieren. Gehen Sie bei jeder weiteren Meditation genauso vor. Sie sollte Ihnen selbst absolut vertraut und in Fleisch und Blut übergegangen sein, bevor Sie sie mit den Kindern machen. Vertrauen Sie Ihrer Intuition. Wenn Sie eine Meditation lesen und das Gefühl haben, dass sie einem Kind helfen könnte, machen Sie sich damit vertraut, und geben Sie sie weiter.

KLANG

Klang ist Schwingung, und Schwingung ist überall und in allem. Seit Anbeginn der Zeit galt Schwingung als machtvoller Schöpfer und Heiler. In alten Kulturen wusste man um die Kraft der Schwingung und ihre Wirkung auf den menschlichen Körper. Mittlerweile hat die moderne Wissenschaft dieses alte Wissen bestätigt. Klang kann den Körper beruhigen und heilen. Es gibt zahlreiche Studien über die Kraft der Schwingung. Sie haben unter anderem ergeben, dass beruhigende Musik und sanfte, liebevolle Stimmen einen positiven Einfluss auf die Gesundheit von Menschen, Tieren und Pflanzen haben. Auf der anderen Seite hat die Wissenschaft herausgefunden, dass Lärmbelastung mentalen und physischen Stress erzeugt und sich negativ auf unsere Fähigkeit auswirkt, gut zu schlafen, produktiv zu arbeiten und effektiv zu lernen.

Viele Musiker, Forscher und Wissenschaftler auf der ganzen Welt haben sich mit der beruhigenden und heilenden Kraft der Musik beschäftigt. Die Musik, die ich während meiner Meditationen spiele, stammt zum Teil von Robert Gass und Jonathan Goldmann. Ich glaube, dass diese beiden etwas von positiven Heilschwingungen verstehen und sie auch einzusetzen wissen. Fragen Sie sich, wann immer Sie Musik zum Meditieren aussuchen, ob die Klänge beruhigend auf Sie wirken und ob sie Ihnen Frieden schenken.

Mir ist aufgefallen, dass mein Zuhause anders auf mich wirkt, wenn ich heilende Musik abspiele. Die beruhigende, einladende und friedliche Schwingung schafft eine Atmosphäre, die der Meditation förderlich ist.

Auch Ihre Stimme ist Schwingung. Die Worte, die Sie wählen, sowie der Tonfall und die Lautstärke, mit der Sie sprechen, haben einen Einfluss auf die Energie Ihres Kindes. Die Energie einer ruhigen, freundlichen, liebevollen Stimme wird sich mit der ruhigen, freundlichen, liebevollen Energie des Kindes verbinden. Stimmen Sie also Ihre Worte, Ihren Tonfall und die Lautstärke dessen, was Sie sagen, so ab, dass für die Meditation eine liebevolle Atmosphäre entsteht.

Ich spreche mit ruhiger, freundlicher und liebevoller Stimme. Ich lasse heilende Musik spielen. Ich setze indianische Rasseln, Eintonglocken, Glocken und Klangschalen ein, wenn ich mit Kindern meditiere. Ich glaube nämlich, dass all das heilend auf sie wirkt und außerdem das Meditieren für sie interessant macht.

DIE SITZHALTUNG

Seit über 2500 Jahren nehmen Meditierende ein und dieselbe Sitzhaltung ein. Die Energien von Körper und Geist arbeiten zusammen, und diese Sitzhaltung öffnet die Energiebahnen im Körper. So kann die Energie frei durch den ganzen Körper fließen, und Energieblockaden werden gelöst. Wir sind so besser in der Lage, einen klaren und offenen Geisteszustand zu erlangen. Und dieser Geisteszustand ist wiederum hilfreich, wenn es darum geht, während des Meditierens die eigene Mitte zu bewahren.

Die im Folgenden beschriebene Sitzhaltung soll von Erwachsenen während der »Morgenmeditation«, der »Meditation für den Weltfrieden« und der Meditation »Einem Kind Liebe schicken« eingenommen werden. Die für Kinder abgewandelte Version dieser Sitzhaltung wird weiter unten beschrieben.

Beine und Rücken

Entlang der Wirbelsäule gibt es drei wichtige Energieleitbahnen, eine jeweils rechts und links der Wirbelsäule und eine zentrale Leitbahn, die durch die Wirbelsäule verläuft. Sind diese Hauptleitbahnen offen und nicht blockiert, so sind Sie bereit für tiefe Kontemplation oder Meditation. Indem Sie mit gekreuzten Beinen auf einem festen Kissen sitzen, tragen Sie dazu bei, die Wirbelsäule gerade zu halten, so dass sich diese Leitbahnen öffnen können. Indem Sie die Beine kreuzen, leiten Sie die Energie in und durch die Hauptleitbahnen.

Kinder lasse ich mit leicht gekreuzten Beinen auf etwa 30 x 30 cm großen festen Kissen sitzen. Ich ordne die Kissen im Kreis an, und wenn alle Kinder sitzen, helfe ich jedem Einzelnen, die Beine zu kreuzen. Dann fahre ich mit meiner Hand entlang seiner oder ihrer Wirbelsäule auf und ab und sage: »Das ist deine Wirbelsäule. Hier fließt deine Energie auf und ab. Du musst gerade sitzen, damit die Energie ganz leicht fließen kann.« Und während ich meine Hände bei jedem Kind auf die gekreuzten Beine lege, sage ich: »Deine Beine müssen gekreuzt sein, damit deine Wirbelsäule gerade bleibt und die Energie auf und ab fließen kann.« Ich wiederhole diese Sätze immer und immer wieder und gehe niemals davon aus, dass sich die Kinder von früheren Meditationen daran erinnern. Ich möchte auf keinen Fall, dass die Kinder das Gefühl haben, nicht zu wissen, was sie da eigentlich machen oder warum sie es machen. Wenn ich feststelle, dass ein Kind bereits richtig sitzt, ergreife ich die Gelegenheit für eine positive Bestätigung, zum Beispiel: »Georg, du siehst so aus, als könntest du schon mit dem Meditieren anfangen.« Dann fahre ich mit der Hand auf der Wirbelsäule dieses Kindes auf und ab und sage: »Dein Rücken ist schön gerade. Jetzt kann deine Energie ganz leicht auf und ab fließen.« Und wenn ich meine Hände auf seine gekreuzten Beine lege, sage ich: »Deine Beine sind genau richtig gekreuzt. Jetzt kann dein Rücken gerade bleiben und deine Energie kann auf und ab fließen.«

Hände und Arme

Ihre Arme und Hände sollten einen Kreis bilden. Dieser Kreis beruhigt und zügelt die Energie in Armen und Händen. Er leitet die Energie in die Hauptleitbahnen, was Sie offen macht für Ruhe und Klarheit. Legen Sie die Hände in den Schoß, und zwar so ineinander, dass sie eine Schale bilden. Dabei sollte die rechte Hand, die gebende, auf der linken, empfangenden Hand liegen, und die Spitzen der Daumen sollten sich berühren. Bewegen Sie die Ellbogen leicht nach außen und vom Körper weg, so dass die Arme einen Kreis bilden.

Den Kindern helfe ich, ebenfalls in diese Position zu kommen. Nachdem ich seine Beine überkreuzt und seinen Rücken aufgerichtet habe, leite ich jedes Kind an, mit den Händen eine Schale zu formen und diese Schale – rechte Hand oben, linke unten – in den Schoß zu legen. Das nennt man Almosenschale. Während ich die Hände der Kinder in diese Position bringe, sage ich: »Ich lege deine Hände so, dass sie eine Almosenschale bilden, die rechte Hand auf die linke. Jetzt kannst du alles Traurige, alles Doofe oder alles Schlechte, das du loslassen willst, loslassen und deinen Segen entgegennehmen. Er wird genau hier hineinfallen, in deine Almosenschale.« Und während ich die Ellbogen der Kinder sanft nach außen bewege, zeichne ich den Kreis nach. Ich beginne mit dem Finger bei der Almosenschale, fahre die Arme entlang und lege dann meine flache Hand auf das Herz des Kindes mit den Worten: »Jetzt geht der ganze Segen direkt in dein Herz.«

Kopf und Augen

Der Kopf muss leicht nach vorn geneigt sein, damit die drei Hauptleitbahnen offen für die Energie und nicht blockiert sind. Stellen Sie sich vor, dass Sie an einem Faden, der am oberen Ende Ihrer Wirbelsäule befestigt ist, nach oben gezogen werden. Sie werden bemerken, dass der Faden, wenn er gespannt wird, Wirbelsäule und Hals gerade zieht, wobei sich der Kopf ganz natürlich ein wenig nach vorn neigt. Die Augen können geschlossen oder halb geöffnet sein. Dann richten Sie den Blick an Ihrer Nasenspitze vorbei nach unten, auf einen Punkt etwa dreißig bis fünfzig Zentimeter vor sich auf dem Boden.

Nachdem ich die Meditationskissen in einem Kreis angeordnet habe, stelle ich die Klangschale, manchmal auch eine Buddhastatue, in die Mitte des Kreises. Wenn wir dann alle in der richtigen Haltung sitzen, sage ich: »Alle Augen schauen auf die Klangschale.« Damit wissen die Kinder nicht nur, was sie mit ihren Augen anfangen sollen, sondern haben auch etwas, worauf sie sich konzentrieren können. Weil sie alle im Kreis und im selben Abstand zur Klangschale sitzen, neigen die Kinder die Köpfe ganz von selbst ein wenig nach vorn und öffnen damit ihre drei Hauptleitbahnen, so dass die Energie frei fließen kann. Wenn ich die Buddhastatue einsetze, zeige ich jeweils auf den entsprechenden Teil der Statue und sage dabei: »Das ist der Buddha. Er weiß, wie man richtig sitzt. Schaut mal, wie gerade sein Rücken ist. Und wie seine Beine gekreuzt sind. Seine Arme weisen nach außen und seine Hände sehen aus wie eine Almosenschale. Schaut mal seine Augen an. Seht Ihr, wie er vor sich auf den Boden schaut und den Hals dabei lang macht? Er weiß wirklich, wie man richtig sitzt. Wenn ihr einmal vergesst, wie man richtig sitzt, schaut einfach den Buddha an. Er wird euch daran erinnern, was ihr tun müsst.« Wenn ich während des Meditierens feststelle, dass ein Kind daran erinnert werden muss, wie man sitzt, zeige ich einfach auf die Buddhastatue. Das hilft den Kindern, ihre Sitzhaltung selbst zu korrigieren, ohne dass sie sich kritisiert fühlen. Und das wiederum macht ihnen Mut.

Kiefer und Zunge

Mund und Kiefer sollten beim Meditieren ganz entspannt sein; die Lippen berühren sich sanft. Die Zungenspitze sollte direkt hinter den vorderen oberen Schneidezähnen am Gaumen liegen. Dann ist der Energiekreislauf im Körper geschlossen.

Vorschulkindern sage ich nicht, was sie mit ihrem Kiefer und der Zunge machen sollen.

Schaukeln

In Nepal und Tibet habe ich beobachtet, dass tibetische Mönche und Nonnen beim Mantra-Singen vor- und zurückschaukeln, und zwar alle in ihrem eigenen Rhythmus und Tempo. Das hilft, die Energie zu bewegen und Blockaden zu lösen.

Doch schon bevor ich in Asien war, ließ ich die Kinder vor- und zurückschaukeln. Damals dachte ich, es sei gut, sie die Bewegung eines Schaukelstuhls nachahmen zu lassen oder das Wiegen in den Armen der Mutter, weil ich annahm, dass sie sich dabei wohl fühlten. Die Kinder und ich schaukeln beim Singen immer noch vor und zurück, aber jetzt weiß ich, dass es dazu beiträgt, unsere Energie zu bewegen und Blockaden zu lösen.

DER ATEM

Der Atem bewegt Energie. Wenn Sie in der richtigen Haltung sitzen und zum Meditieren bereit sind, atmen Sie dreimal tief durch. Durch diese reinigenden Atemzüge entledigen Sie sich Ihrer negativen Energie und füllen Ihren Körper mit guter neuer Energie. Atmen Sie durch die Nase ein und aus. Saugen Sie die Atemluft durch die Nase ein, und lassen Sie sie bis hinunter in den Unterbauch fließen. Sie entspannt den Bauch und füllt ihn wie einen Ballon. Bevor Sie durch die Nase ausatmen, ziehen Sie den Bauch ein und lassen die Luft aus dem Ballon entweichen. Wiederholen Sie diesen reinigenden Atemvorgang mindestens dreimal. Wenn Ihre Konzentration nachlässt und Ihr Geist zu wandern beginnt, bringen Sie Ihre Aufmerksamkeit sanft wieder zu Ihrer Atmung zurück. Atmen Sie beim Meditieren langsam und sanft durch die Nase ein und aus und atmen Sie bis in den Unterbauch.

Normalerweise ahmen Kinder nach, was wir ihnen vormachen. Beim Reinigungsatmen atme ich durch die Nase ein und durch den Mund aus. Ich geben keinen Kommentar dazu ab, wie ein Kind atmet, denn die meisten Vorschulkinder atmen eher durch den Mund ein und aus als durch die Nase.

TIPPS ZUR VORBEREITUNG DER MEDITATION – CHECKLISTE

- Schalten Sie das Telefon ab.
- Hängen Sie, wenn nötig, ein Schild mit der Aufschrift »Bitte nicht stören« an die Tür.
- Suchen Sie sich aus, wo Sie meditieren möchten. Wählen Sie einen Platz, an dem Sie möglichst wenig gestört werden.
- Werden Sie sich über Ihre Absicht und Ihr Ziel klar: Was wollen Sie vermitteln und warum?
- Entscheiden Sie, welche Meditation Sie machen möchten, und lesen Sie die entsprechende Anleitung nochmals durch.
- Legen Sie die Meditationsmusik ein.
- Arrangieren Sie die Meditationskissen auf dem Boden, einander gegenüber oder im Kreis, wenn Sie mit mehr als einer Person meditieren.
- Stellen oder legen Sie Klangschale, Eintonglocke, Rassel, Kristall oder was auch immer Sie für die Meditation Ihrer Wahl brauchen, zwischen die beiden Kissen, neben Ihr Kissen oder in die Mitte des Kreises.
- Lassen Sie die Kinder wissen, dass jetzt Meditationszeit ist, indem Sie die Klangschale oder die Glocke anschlagen.
- Setzen Sie sich mit gekreuzten Beinen auf Ihr Meditationskissen und fangen Sie an.

BEGRIFFE, MATERIALIEN UND ILLUSTRATIONEN

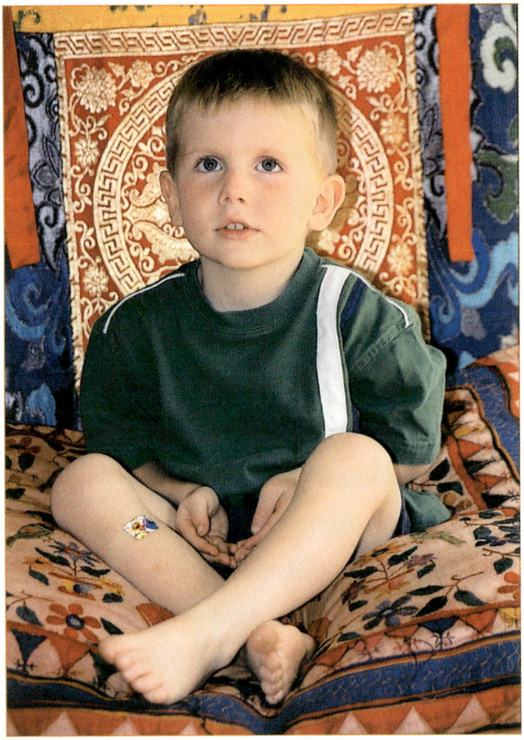

Walker, drei Jahre alt. Seine Hände bilden eine Almosenschale.

Wenn ich mit Kindern meditiere, verwende ich die folgenden Begriffe, Materialien und Illustrationen. Sie spiegeln mein Interesse an tibetischer, buddhistischer, indischer und indianischer Meditation und Kultur wider. Diese alten Kulturen verstehen etwas von Energie – von der Energie unserer Erde, unseres Körpers und unseres Geistes. Sie wissen um die Macht der heiligen Klänge, sie segnen ihre Devotionalien und laden sie mit Kraft auf, damit sie sich förderlich auf ihre Meditationen, ihre Zeremonien und ihr Leben auswirken. Sie verehren das Heilige und laden es jeden Tag aufs Neue in ihr Leben ein.

Für mich sind die Gegenstände, die ich mit den Kindern benutze, gesegnet und heilig. Sie haben einen Platz auf meinem Altar, einem Regalbrett in dem Raum, in dem wir meditieren. Wenn die Kinder ihre eigenen Devotionalien herstellen, weihen wir sie in einer Zeremonie. Ähnlich wie den Kraftstab (siehe Seite 51) laden wir diese Gegenstände mit Kraft auf, damit sie den Kindern auf sanfte und liebevolle Weise zu dem verhelfen, was sie brauchen: »Möge dieser Kraftstab dir auf sanfte und liebevolle Weise zu allem verhelfen, was du brauchst.«

Für viele ist die heilige Silbe »Om« das Mantra der Schöpfung. In der Tradition des tibetischen Buddhismus steht die Sanskrit-Silbe »Om«, die sich aus den Einzellauten »A-U-M« zusammensetzt, für den Körper, die Sprache und den Geist und schwingt mit diesen. Diese Silbe kommt in vielen tibetischen Mantras und Sprechgesängen vor, zum Beispiel in dem bekannten »Om Mani Padme Hum«, einem Mantra für den Weltfrieden. Das Kapitel »Aum-Meditation« in Teil III enthält einen Sprechgesang, den die Kinder und ich jeden Tag singen: »Aummm, ich mag meinen Baum, den Traum in meinem Bett, den Flaum auf Mamas Haut, und Papa mag ich auch. Aummm, ich mag meinen Baum, den Traum in meinem Bett, den Flaum auf Mamas Haut, und Papa mag ich auch. Aummm, ich mag meinen Baum, den Traum in meinem Bett, den Flaum auf Mamas Haut, und Papa mag ich auch.« Das ist ein sehr kraftvolles Mantra für Kinder, und ich habe das Gefühl, dass es auch ein sehr kraftvolles Mantra für Erwachsene ist. Probieren Sie es aus!

Auf meinen Reisen durch Nepal und Tibet habe ich den Gruß »Namaste« lieben gelernt. Dafür legen Sie die Hände mit den Handflächen aneinander und den Daumen nach innen über das Herzchakra (siehe Seite 8). Dann neigen Sie leicht den Kopf, verbeugen sich und sagen »Namaste«, während Sie Ihrem Gegenüber in die Augen sehen. Mit diesem Gruß machen Sie deutlich: »Aus dem Juwel in mir, vom Ort der Liebe, grüße ich das Juwel in dir, deinen Ort der Liebe.« Ich setze diesen Gruß zu Beginn und am Ende meiner Meditationen ein und sage »Namaste« zu jedem einzelnen Kind. Vielleicht möchten auch Sie diese Geste in Ihre Meditationen einbeziehen. Wenn wir mit unserer Meditation fertig sind, lege ich jedem Kind meine Hand aufs Herz und sage: »Wir alle haben einen Edelstein in uns, aus dem die Liebe scheint, und der liegt genau hier!«

BEGRIFFE, DIE IN DIESEM BUCH VERWENDET WERDEN

Absicht formulieren – das Ziel festlegen, auf das Sie Ihren Geist fixieren wollen

Almosenschale (Handhaltung) – Legen Sie die Hände so in den Schoß, dass sie eine Schale bilden: Die rechte Hand liegt über der linken, wobei sich die Spitzen der Daumen berühren. Führen Sie die Ellbogen leicht nach außen und vom Körper weg, so dass die Arme einen Kreis bilden. Die rechte Hand ist die gebende, die linke die nehmende.

Chakra – Ein Energiezentrum im Körper.
Die sieben Energiezentren sind:

- Violett – Gedanken – Scheitel des Kopfes
- Indigo – Intuition – das »dritte Auge« auf der Stirn
- Blau – Sprache – Kehle
- Grün – Liebe – Herz
- Gelb – Individualität – Solarplexus
- Orange – Kreativität – unterhalb des Bauchnabels
- Rot – Wurzeln – Basis der Wirbelsäule

Dankbarkeit – dankende Anerkennung

Gebet – spirituelle Kommunikation

Heiliger Raum – Jeder Ort ist heilig, und in Frieden können Sie überall sein.

Im Moment sein – Man lässt alle anderen Gedanken und Aktivitäten ruhen und ist wirklich da für die Person, mit der man in diesem Moment zusammen ist, oder voll präsent bei der Tätigkeit, die man gerade verrichtet.

Lichtkreis – Alles wird Liebe, wenn es von einem Lichtkreis umgeben ist.

Mantra – heilige Silbe mit großer Kraft und segnender Wirkung

Mudra – symbolische Handgeste, die in den Zeremonien und Gebeten der Hindus und der tibetischen Buddhisten eingesetzt wird

Namaste – ein Gruß, mit dem sich der Grüßende vor dem lebendigen Geist im Innern seines Gegenübers verneigt und mit dem er ihm oder ihr sagen will: »Aus dem Juwel in mir, vom Ort der Liebe, grüße ich das Juwel in dir, deinen Ort der Liebe.«

»Om / Aum« – das Mantra der Schöpfung. Dieses Mantra weckt uns auf und verbindet uns mit der Liebe.

Schwingung – Alles und jedes sendet Schwingungen aus: Gefühle, Gedanken, Worte, Musik, Bäume, die gesamte Natur – alles.

Spirituell – den Geist oder die Seele betreffend

Sprechgesang – Die Rezitation heiliger Worte und Klänge, die eine Schwingung in den Energiezentren und um sie herum erzeugen.

Von oben links nach unten rechts: Rosenquarz-Kristalle, Klangschale, Räucherstäbchen und Salbei, Eintonglocke, Meditationskissen, Kraftstab, Gebetsmühle, Mudra des Lehrens, Rassel, Thangka, Altar, Gebetsfahnen

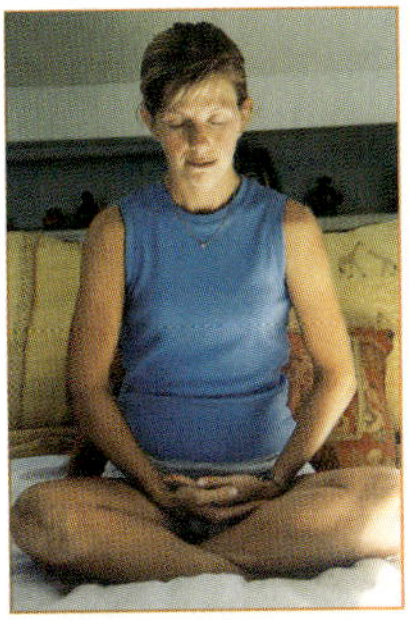

Von oben links nach unten rechts: Handposition Almosenschale (drei Bilder); Saige öffnet ihr Herz, ihren Mund und ihren Geist für die Liebe; Mutter und Kind mit Eintonglocke, indianischer Rassel und Klangschale; Mutter und Kind meditieren gemeinsam, Arrangement für eine Gruppenmeditation, Mutter und Kind senden Liebe aus

MATERIALIEN, DIE IN DIESEM BUCH ERWÄHNT WERDEN

Meditationskissen – quadratische, etwa 30 x 30 cm große, feste Sitzkissen

Indianische Rassel – ein etwa 30 cm langer Stock, mit Leder überzogen und mit Perlen und Federn geschmückt. Am Ende befindet sich ein harter Lederball, der mit getrockneten Maiskörnern gefüllt ist.

Rosenquarz-Kristalle – 7 bis 10 cm große, geschliffene Kristalle aus Rosenquarz

Klangschale – Es gibt sie in vielen verschiedenen Größen und Klängen. Bei meiner handelt es sich um eine Metallschale von etwa 13 cm Durchmesser. Dazu gehört ein circa 18 cm langer, mit Leder umwickelter Holzklöppel. Die Schale steht auf einem runden Kissen mit etwa 15 cm Durchmesser.

Eintonglocke – Meine Eintonglocke besteht aus einer etwa 13 cm langen Röhre mit einem circa 15 cm langen Klöppel aus Holz.

Hintergrundmusik – sämtliche Titel von der CD »On Wings of Song« von Robert Gass; »Om Sanctuary« von JDM Music; tibetische Rezitationen und Sprechgesänge tibetischer Mönche; CDs von Jonathan Goldman

KREATIVE IDEEN ZUR SPIRITUELLEN ERZIEHUNG

Walker, drei Jahre alt, und seine Mutter Cheryl basteln einen Kraftstab.

Die folgenden kreativen Ideen stammen aus meiner Arbeit mit den Kindern. Ich bin darauf gekommen, weil ich mich für die Meditation und Kultur des tibetischen Buddhismus, Indiens und der Indianer interessiere. Den Kindern macht es Spaß, eigene Devotionalien zu basteln, und sie verwenden sie noch Jahre nachdem sie sie hergestellt haben. Ich glaube, dass Gegenstände, die Kinder selbst gebastelt haben, die Kraft der Liebe in sich tragen.

Zu jeder Meditation in diesem Buch gehört ein Abschnitt mit der Überschrift »Kreative Ideen«. Sowohl jene als auch die kreativen Ideen, die im folgenden Kapitel angesprochen werden, sollten erst zum Einsatz kommen, nachdem Sie sich Zeit genommen haben, die traditionellen Meditationsmethoden zu erlernen und zu praktizieren. Schaffen Sie mit Körperhaltung und Atmung eine Basis, die in der Tradition der Meditation verankert ist; sorgen Sie für einen sauberen, ruhigen Raum mit heilsamer Musik und geweihten Gegenständen; errichten Sie einen Altar, auf den Sie Ihre Devotionalien stellen können, und machen Sie sich mit den Worten und Begriffen vertraut, die zur Meditationspraxis gehören. Irgendwann werden Sie so weit sein, Ihre eigenen kreativen Ideen zu entwickeln!

ALTAR

Der Altar ist ein Ort, an dem Sie beziehungsweise Ihr Kind Ihre »Devotionalien« aufbewahren. Einen Altar können Sie auf einem Tisch, einem Regalbrett oder einer Kommode neben dem Bett Ihres Kindes errichten. Wählen Sie den Platz so, dass Ihr Kind den Altar vor dem Einschlafen sehen kann. Stellen Sie dann gemeinsam alle Schätze dort auf, die Sie und Ihr Kind gesammelt haben: Steine,

Tannenzapfen, Bilder geliebter Menschen; alles, was Ihrem Kind wichtig ist. Sie können auch einen speziellen Altar aus einer Kiste oder Schachtel fertigen und diese mit liebevollen Sprüchen, Bildern und Verzierungen schmücken. Das Ganze können Sie mit einem schönen Stück Stoff, zum Beispiel einem Seidentuch dekorieren. Dieser Altar wird eine beruhigende Wirkung auf Ihr Kind haben, wenn es einschläft oder in der Nacht plötzlich aufwacht. Er wird dafür sorgen, dass der Tag Ihres Kindes liebevoll und beruhigend beginnt und endet.

DANKBARKEIT

Worte der Dankbarkeit können den ganzen Tag über gesprochen werden. Beginnen Sie gleich morgens, indem Sie Ihren Tag mit einer Äußerung der Dankbarkeit einleiten.

Lassen Sie Ihr Kind wissen, wie dankbar Sie sind, dass er oder sie geboren wurde und nun ein Teil Ihres Lebens ist.

Lassen Sie Ihr Kind ein Bilderbuch herstellen, in das alles gemalt oder geklebt wird, wofür sie oder er dankbar ist.

Legen Sie auch selbst ein Buch an, in dem Sie alles sammeln, wofür Sie dankbar sind.

EINTONGLOCKE ODER ENERGY CHIME

Ein Energy Chime ist eine auf einen Ton gestimmte und auf eine Holzunterlage montierte Metallröhre, die mit einem hölzernen Klöppel angeschlagen wird. Es gibt sie mit vielen verschiedenen Tönen und in allen Größen. Wählen Sie eine Glocke, die in Ihren

Ohren angenehm klingt. Wählen Sie den Klang, der in Ihnen widerhallt.

Bringen Sie den Kindern, mit denen Sie es zu tun haben, bei, auf den Klang der Glocke zu hören. Lehren Sie sie, so lange zu lauschen, bis die Glocke ganz verklungen ist. Das können Sie nutzen, um die Energie des jeweiligen Moments zu verändern.

Schlagen Sie die Glocke zu unterschiedlichen Tageszeiten an. Die Kinder sollen die Zeit unmittelbar nach dem Erklingen der Glocke nutzen, um die Menschen zu würdigen, mit denen sie gerade zusammen sind, und das zu schätzen, was sie in diesem Moment tun.

GEBET

Vor dem Mittagessen danken wir in einem Gebet für unsere Nahrung, für unsere Familienmitglieder, für jedes Kind und für diesen Tag.

Lassen Sie die Kinder eigene Gebete erfinden. Nutzen Sie diese Zeit, um einem Kind für eine liebevolle Tat zu danken oder es zu liebevollen Taten zu ermutigen; um sich daran zu erinnern, wofür Sie und die Kinder dankbar sind, und um Freunden, Familienmitgliedern und der ganzen Welt heilende Liebe zu senden.

GEBETSFAHNEN

Gebete für den Weltfrieden werden auf rote, blaue, grüne, gelbe und weiße Quadrate aus Stoff geschrieben, die dann, auf lange Bänder aufgefädelt, überall in tibetischen Gemeinden aufgehängt werden. Und wenn der Wind weht, fliegt die Energie dieser Gebete in die Welt hinaus.

Wenn Sie diese wunderschöne Tradition für sich übernehmen möchten, können Sie Gebetsfahnen kaufen oder selbst machen. Schneiden Sie quadratische Stücke aus buntem Stoff aus und schreiben Sie liebevolle Gebete für sich selbst, andere Menschen und Ihre Umwelt darauf. Hängen Sie diese Gebetsfahnen im Zimmer Ihres Kindes auf, vor dem Fenster, im Hof oder in der Nähe seines oder ihres Spielplatzes im Garten. Diese Fahnen sind ein schönes Geschenk.

GEBETSMÜHLEN

Das Mantra »OM MANI PADME HUM«, ein tibetisches Gebet für den Weltfrieden, wird tausendmal aufgeschrieben und in einen Zylinder gesteckt, der an einem Stab befestigt ist. Jedes Mal, wenn sich der Zylinder um den Stab dreht, gehen diese Gebete in die Welt hinaus.

Sie können Ihre eigene Gebetsmühle herstellen, indem Sie Ihre Gebete für den Weltfrieden aufschreiben und das zusammengerollte Blatt Papier in eine schön dekorierte Dose oder ein Gefäß stecken. Wenn Sie die Dose drehen oder rollen, gehen Ihre Gebete in die Welt hinaus. Auch ein Windspiel können Sie mit Ihren Gebeten für den Weltfrieden schmücken. Hängen Sie es an einer Stelle auf, wo Sie es sehen und hören können.

HEILIGER RAUM

Heiliger Raum ist überall. Es ist ein Ort im Innern oder im Außen, an dem Sie in Frieden mit sich selbst sein können.

Suchen Sie sich einen Platz in Ihrer Wohnung oder draußen – im Schlafzimmer, im Kinderzimmer, im Wohnzimmer, im Garten oder auf der Veranda – und schaffen Sie sich dort Ihren heiligen Raum zum Meditieren, für Ruhezeiten, für Familengespräche.

IM MOMENT SEIN

Alle anderen Gedanken und Aktivitäten beiseite lassen und ganz bei der Person oder Aktivität sein, mit der man es in diesem Moment zu tun hat. Das bedeutet, im Moment, man könnte auch sagen im Hier und Jetzt zu sein.

Schaffen Sie sich eine Glocke an und sagen Sie Ihren Familienmitgliedern, dass Sie immer, wenn diese Glocke erklingt, innehalten und an sie denken; daran, wie lieb Sie sie haben und wie glücklich Sie sind, mit ihnen zusammen zu sein. Sorgen Sie dafür, dass eine bestimmte Zeit am Tag für Sie und Ihre Familie zur stillen, meditativen Zeit wird.

INDIANISCHE RASSEL

Eine Rassel, die von nordamerikanischen Indianern benutzt wird, können Sie einsetzen, um Segen zu geben oder zu empfangen – Segen für sich selbst, für andere, für Ihr Heim – für jeden und alles, der oder das gesegnet werden möchte oder Segen braucht.

Zur Herstellung einer indianischen Rassel brauchen Sie einen Stock oder ein Rundholz. Bemalen Sie den Stock und schmücken Sie ihn mit Federn, Perlen und Bändern. Bemalen und schmücken Sie eine Babyrassel, und befestigen Sie sie am Ende Ihres Stocks. Weihen Sie Ihre indianische Rassel in einer Zeremonie, damit sie nichts als Liebe bringt.

KLANGSCHALE

Eine Klangschale ist eine Metallschale mit einem Holzklöppel, der mit Leder umwickelt ist. Wenn man mit dem Klöppel am Rand der Schale entlangfährt, vibriert die Schale und erklingt.

Vielleicht möchten Sie eine Klangschale in ihren Meditationen mit Kindern einsetzen. Probieren Sie aus, ob die Metallschüsseln in Ihrem Haushalt »singen«, wenn sie mit einem Holzklöppel angeschlagen werden. Klangschalen und passende Klöppel können Sie aber auch in Esoterikläden, Musikalienhandlungen und asiatischen Geschäften kaufen.

KRAFTSTAB

Dieser Stab verleiht Ihnen kraftvolle, positive Energie, wenn Sie ihn in der Hand halten, während Sie Ihr Mantra oder eine positive Affirmation sprechen. Sie können ihn leicht selbst herstellen.

Suchen Sie sich einen Stock, der gut in der Hand liegt, wenn Sie den Arm gerade nach vorn ausstrecken. Schmücken Sie diesen Stock mit Kristallen, Federn, Perlen und farbigem Garn. Umwickeln Sie den »Griff« Ihres Kraftstabs mit Garn oder Lederstreifen. Halten

Sie eine Zeremonie ab, in der Sie sagen: »Möge dieser Kraftstab nichts als Liebe bringen!« Ich setze den Kraftstab bei Kindern ein, wenn kraftvolle Liebe gebraucht wird.

KREIS AUS LICHT

Während der Meditation entsteht vor Ihrem inneren Auge ein Kreis aus Licht. Nur Liebe darf in diesen Kreis aus Licht eindringen und alles, was sich in diesem Kreis befindet, verwandelt sich in Liebe.

Nehmen Sie sich einen Moment Zeit, die Augen zu schließen und sich Ihr Kind in einem Kreis aus Licht vorzustellen, bevor es abends einschläft oder morgens zur Schule geht. Schlagen Sie einen Kreis aus Licht um die Schule Ihres Kindes, um Ihr Heim, um sich selbst. Jeder und alles kann von diesem liebenden Licht umgeben sein.

KRISTALLE

Kristalle sind Schwingung, Energie. Bei Kindern verwende ich Rosenquarz, weil er voller Liebesenergie ist. Wenn Sie für Ihr Kind einen Kristall besorgen möchten, nehmen Sie es mit in den Laden, und lassen Sie es sich seinen Kristall selbst aussuchen. In vielen Geschäften gibt es kleine Kärtchen zu kaufen, auf denen etwas über die Bedeutung des Kristalls steht. Schenken Sie Ihrem Kind eine solche Karte zu seinem Kristall.

Legen Sie Ihren Kristall / Ihre Kristalle auf Ihren Altar und verwenden Sie ihn / sie in Ihren Meditationen. Wenn es Ihrem Kind schwer fällt sich auszudrücken, bitten Sie es, sich den Kristall ein paar Minuten lang an den Hals zu halten, damit »die Kehle aufgeht und liebevolle Worte herauskommen können«.

Geben Sie Ihrem Kind einen Kristall, zum Beispiel einen Rosenquarz mit, wenn es vor einem neuen Abenteuer wie der Einschulung steht. Sie können »den Kristall mit Liebe füllen« und Ihrem Kind mit auf den Weg geben.

MANTRAS

Mantras sind heilige Worte mit großer Kraft und segensreicher Wirkung. Ein Mantra, das Sie den ganzen Tag über immer wieder sagen, bringt positive Energie und Veränderung.

Wählen Sie einen positiven Satz oder ein entsprechendes Ziel für jeden Tag, jede Woche und / oder jedes Jahr. Schreiben Sie jedes Mantra auf eine Karte, schmücken Sie die Karten schön aus, und hängen Sie sie an Ihren Badezimmerspiegel, den Kühlschrank, die Sonnenblende im Auto, die Haustür oder stellen Sie sie auf Ihren Altar, damit Sie immer daran erinnert werden und auf liebevolle Gedanken und Handlungen fokussiert bleiben. Sprechen Sie diese Mantras als Erstes am Morgen, und wiederholen Sie sie im Laufe des Tages immer wieder.

MEDITATIONSKISSEN

Stellen Sie Ihr eigenes Meditationskissen her. Nähen Sie eine Kissenhülle aus Baumwolle. Verwenden Sie Stofffarbe oder Stoffmalstifte und nähen oder kleben Sie Schmuckelemente darauf. Damit schaffen Sie sich Ihr ganz persönliches, unverwechselbares Kissen.

Sie können natürlich auf jedem beliebigen Kissen sitzen, auch auf einer zusammengelegten Decke, einem Teppich oder einem Stuhl.

MUDRAS

Diese heiligen Handgesten werden in tibetisch-buddhistischen und hinduistischen Zeremonien und Gebeten wie eine Art Zeichensprache eingesetzt. Ich benutze Mudras aus dem tibetischen Buddhismus, wenn ich um Geduld bitten oder deutlich machen will, dass gleich etwas Neues kommt. Die Kinder mögen diese Signale und akzeptieren sie als so etwas wie stille Anweisungen.

Erfinden Sie familieneigene Handgesten für »Ich liebe dich«, »Immer schön freundlich sein«, »Mach dir einen schönen Tag«, »Ruhe bitte«, »Geduld«, »Wir müssen los«. Diese Gesten eignen sich gut zum Einsatz in Kirchen und Restaurants oder wenn man bei Freunden und Verwandten zu Besuch ist.

RÄUCHERWERK

Räucherwerk reinigt den Raum, in dem Sie sich befinden, und schickt Liebe hinaus in die Welt. Ich verbrenne Räucherwerk, während ich selbst meditiere und bevor die Kinder kommen. Während ich mit kleinen Kindern meditiere, benutze ich kein Räucherwerk.

Gemeinsam mit den Kindern führe ich Haussegnungen durch: Wir gehen rund ums Haus und durch das ganze Haus, und ich trage ein brennendes Salbeibündel vor uns her. Damit bereite ich den Weg für die Liebe, die hereinkommen soll.

SCHWINGUNG

Jeder und alles hat eine bestimmte Schwingung – Gefühle, Gedanken, Worte, Musik, Tiere, Bäume, Lebensmittel – die ganze Natur, alles.

Bitten Sie Ihr Kind, die Hand auf die Waschmaschine zu legen, wenn sie gerade schleudert, damit es etwas über Schwingung lernen und sie am eigenen Leib erfahren kann. Stellen Sie ein Glas Wasser auf einen Lautsprecher, wenn Musik gespielt wird, damit Ihr Kind die Vibration sehen kann. Spielen Sie unterschiedliche Arten von Musik und beobachten Sie, welchen Einfluss die jeweilige Schwingung auf Ihr Kind hat.

THANGKAS

Thangkas sind Gemälde, die in der tibetischen Meditation verwendet werden. Die heiligen Figuren und Muster werden mit Farben aus zerstoßenen Edelsteinen auf Yakleder gemalt und liebevoll gesegnet.

Sie können Ihre eigenen Meditationsgemälde herstellen und dafür Figuren, Muster und Farben verwenden, die etwas in Ihnen zum Klingen bringen. Sie können auch eine »Meditationscollage« anfertigen. Schneiden Sie Bilder aus, die Ihnen Frieden schenken, und kleben Sie diese auf ein Blatt Papier, das Sie dann an einem besonderen Platz aufhängen.

TEIL II

MEDITATIONEN FÜR ERWACHSENE

MORGENMEDITATION

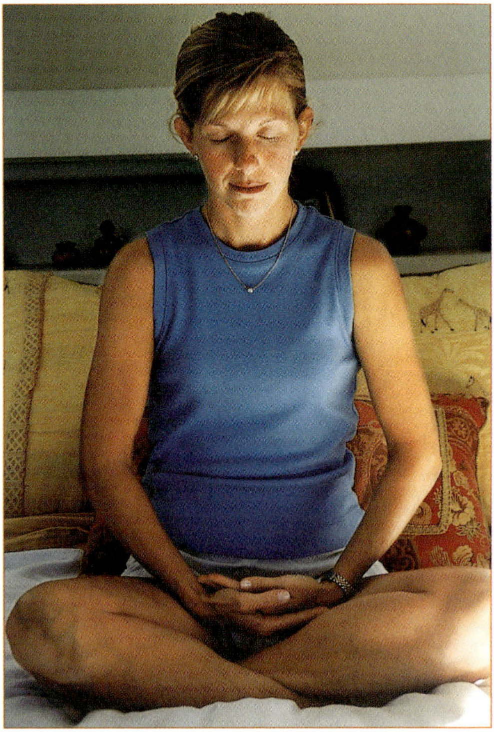

Aimee, Mutter der zweijährigen Avery
und des einjährigen Nathan

»Nicht dass das, was Sie sagen, neu wäre, aber Sie erinnern mich daran, wie wichtig es ist, dass ich mein Kind Liebe und Freundlichkeit lehre. Und nun habe ich ein Mittel, das mir hilft, stets daran zu denken.« *Kathleen, Mutter eines dreijährigen Kindes*

EINLEITUNG

Sie sind der Lehrer. Kinder lernen aus jedem Ihrer Worte, aus jeder Berührung und jeder Tat in jeder Minute eines jeden Tages. Die Zeit, die Sie mit Kindern verbringen, ist immer gut verbrachte Zeit, Zeit, auf die es ankommt. Die Kinder lieben Sie und erwarten, dass Sie ihnen etwas beibringen. Und Sie müssen der beste Lehrer sein, der Sie nur sein können. Was wollen Sie Ihren Kindern vermitteln? Dies ist die Kindheit, auf der sie ihr Leben aufbauen werden.

Wenn es in Ihrem Leben kleine Kinder gibt, geht es bei Ihnen vermutlich hektisch und geschäftig zu, und Ihnen wird einiges abverlangt. Als Vater, Mutter, Lehrer, Lehrerin, Großmutter, Großvater oder jemand, der im Gesundheitswesen tätig ist, müssen Sie sich auch Zeit für sich selbst nehmen – Zeit, um ganz ruhig zu sein, langsam zu atmen, nach innen zu gehen, Kontakt mit dem eigenen Geist aufzunehmen und ihn zu würdigen. Sie müssen sich selbst daran erinnern, dankbar zu sein für Ihr Leben, die Kinder in Ihrem Leben, Ihre Familie und alles, was Sie haben. Das ist ein Geschenk, das Sie sich selbst jeden Tag aufs Neue machen können.

Die folgende Meditation wird Ihnen helfen, sich Zeit zu nehmen, Zeit, um nett zu sich selbst zu sein und dankbar für die Menschen, die Sie lieben, und alles, was Sie haben. Sie wird Sie befähigen, den Samen der Liebe und Freundlichkeit in jedes Kind zu säen, das in Ihrem Leben eine Rolle spielt.

KREATIVE IDEEN

Materialien

Meditationskissen – ein Kissen, eine zusammengefaltete Decke oder ein Teppich; ein Ort, den Sie innen oder außen erschaffen

Begriffe

»Atme Liebe / Freude / Frieden ein.« – Setzen Sie einen von diesen oder irgendeinen anderen positiven, liebevollen Begriff ein.

»Atme Traurigkeit / Wut / alles Schlechte aus.« – Setzen Sie einen von diesen oder irgendeinen anderen negativen Begriff ein.

»Visualisiere strahlend weißes / goldenes Licht.« – Visualisieren Sie Licht in irgendeiner Farbe, die sich für Sie warm und liebevoll anfühlt.

»Visualisiere vor deinem inneren Auge« – Benutzen Sie Bilder, wenn nötig.

Einsatzmöglichkeiten

Diese Meditation können Sie zu jeder Tageszeit praktizieren – zu Hause oder im Auto, während Sie darauf warten, dass Ihr Kind aus der Schule oder aus einem Kurs kommt.

Machen Sie sie im Wartezimmer Ihres Arztes oder Zahnarztes.

Nutzen Sie diese Meditation überall und wann immer Sie sich ausgelaugt fühlen.

Ihre eigenen kreativen Ideen:

DIE MEDITATION

Diese Meditation gibt erwachsenen Menschen Gelegenheit, ihre Liebe für sich selbst, die Kinder und die Familien in ihrem Leben, ihr Zuhause und alles, was sie haben, zu würdigen und dankbar anzuerkennen.

Setzen Sie sich auf Ihr Meditationskissen oder mit gekreuzten Beinen aufs Bett. Vielleicht möchten Sie aber auch lieber auf einem Stuhl sitzen, mit beiden Füßen fest auf dem Boden. Achten Sie darauf, dass Ihr Rücken gerade ist. Formen Sie mit den Händen eine Almosenschale. Entweder lassen Sie die Augen halb offen und schauen über Ihre Nasenspitze hinweg nach unten, oder Sie schließen die Augen.

Während Sie mit dem Meditieren beginnen, sagen Sie laut oder leise zu sich selbst: »Ich bin von Licht und Liebe umgeben.« Formulieren Sie Ihre Absicht, zum Beispiel: »Ich möchte alle und alles mit den Augen der Liebe sehen.«

Atmen Sie langsam durch die Nase ein und aus, bis Sie ganz entspannt sind und bereit anzufangen.

»Atme Liebe ein.«

Langsam und tief einatmen.

»Atme Traurigkeit aus.«

Langsam und tief ausatmen.

»Atme Freude ein.«

Langsam und tief einatmen.

»Atme Wut aus.«

Langsam und tief ausatmen.

»Atme Frieden ein.«

Langsam und tief einatmen.

»Atme alles Schlechte aus.«

Langsam und tief ausatmen.

»All meine Traurigkeit, meine Wut und alles Schlechte verwandeln sich in strahlend weiße Funken der Liebe.«

Seien Sie im Moment: Danken Sie für den neuen Tag.

Atmen Sie weiter langsam und tief ein und aus, und wenn Sie dazu bereit sind, fahren Sie fort ...
Visualisieren Sie ein strahlend weißes Licht über Ihrem Kopf. Es ist ein heilendes, liebendes Licht.

Nun visualisieren Sie mit jedem Einatmen, wie sich dieses flüssige Licht langsam in Ihren ganzen Körper ergießt – so als würde

EINLEITUNG

Nach dem 11. September 2001 schaute ich mir eine Life-Reportage aus dem Nahen Osten an. Die Kamera war auf eine Gruppe von Männern gerichtet. Im Hintergrund sah ich einen Vater, der seinen Sohn von der Schule abgeholt hatte und nach Hause begleitete. Sie gingen Hand in Hand, der Junge sah wie ein Zweitklässler aus, war hübsch in Shorts und Pullover gekleidet und trug eine Schultasche in der Hand. Das hätten irgendein Vater und irgendein Sohn auf dem Nachhauseweg von der Schule in irgendeinem Land sein können. Plötzlich begannen die Männer im Vordergrund Steine über einen Zaun zu werfen. Ihre Gesichter waren voller Wut, während sie schrieen und die Steine schleuderten. Kurz darauf ließ der Vater die Hand seines Sohnes los und schloss sich den Männern an, während sein Sohn bewegungslos zuschaute. Dann ließ der Junge seine Schultasche fallen, rannte hinter seinem Vater her, hob einen Stein auf und fing wie er an zu schreien und Steine zu werfen.

An jenem Tag konnte ich beobachten, wie die Saat des Hasses und der Furcht in ein Kind gesät wurde. Erwachsene säen täglich Samen. Säen Sie die Saat des Hasses und der Furcht oder aber die Saat der Liebe und der Freundlichkeit?

Möge die folgende Meditation Ihnen helfen, die Samen der Liebe, der Toleranz und des Friedens in sich selbst, in den Kindern, in Ihrer Gemeinschaft, in Ihrem Land und in der Welt zu säen.

Materialien

Meditationskissen – ein Kissen, eine zusammengefaltete Decke oder ein Teppich; ein Ort, den Sie innen oder außen erschaffen

Begriffe

»Atme Liebe / Freude / Frieden ein.« – Setzen Sie einen von diesen oder irgendeinen anderen positiven, liebevollen Begriff ein.

»Atme Traurigkeit / Wut / alles Schlechte aus.« – Setzen Sie einen von diesen oder irgendeinen anderen negativen Begriff ein.

»Visualisiere strahlend weißes / goldenes Licht.« – Visualisieren Sie Licht in irgendeiner Farbe, die sich für Sie warm und liebevoll anfühlt.

»Visualisiere vor deinem inneren Auge.« – Benutzen Sie Bilder, wenn nötig.

Einsatzmöglichkeiten

Vertrauen Sie Ihrer Intuition. Senden Sie irgendjemandem, an den Sie gerade denken, Liebe und Licht.

Senden Sie jemandem Liebe und Licht, der krank oder fern von zu Hause ist, oder der eine schwere Zeit durchmacht.

Schaffen Sie eine friedliche Umgebung, bevor jemand kommt und Ihnen Gesellschaft leistet.

Senden Sie jemandem Liebe und Licht, mit dem Sie Schwierigkeiten haben.

Ihre eigenen kreativen Ideen:

DIE MEDITATION

Diese Meditation wurde von einer Meditation inspiriert, die ich im Kloster Kopan in Katmandu, Nepal, kennen gelernt habe. Sie gibt erwachsenen Menschen die Möglichkeit, alle anderen Erwachsenen auf der Welt anzuerkennen und wertzuschätzen. Wenn es darum geht, eine friedliche, liebende Welt für unsere Kinder zu erschaffen, werden alle Erwachsenen gebraucht, aus allen Gesellschaftsschichten, aus allen Religionen. Es spielt keine Rolle, welche Hautfarbe wir haben oder woran wir glauben, wir alle müssen unsere Kinder zu Liebe, Toleranz und Respekt vor sich selbst, anderen und der ganzen Welt erziehen.

Setzen Sie sich auf Ihr Meditationskissen oder mit gekreuzten Beinen aufs Bett. Vielleicht möchten Sie aber auch lieber auf einem Stuhl sitzen, mit beiden Füßen fest auf dem Boden. Achten Sie darauf, dass Ihr Rücken gerade ist. Formen Sie mit den Händen eine Almosenschale. Entweder lassen Sie die Augen halb offen und schauen über Ihre Nasenspitze hinweg nach unten, oder Sie schließen die Augen.

Während Sie mit dem Meditieren beginnen, sagen Sie laut oder leise zu sich selbst: »Ich bin von Licht und Liebe umgeben.«

Formulieren Sie Ihre Absicht, zum Beispiel: »Ich widme diese Meditation dem Weltfrieden.«

Atmen Sie langsam durch die Nase ein und aus, bis Sie ganz entspannt sind und bereit anzufangen.

»Atme Liebe ein.«
Langsam und tief einatmen.

»Atme Traurigkeit aus.«
Langsam und tief ausatmen.

»Atme Freude ein.«
Langsam und tief einatmen.

»Atme Wut aus.«
Langsam und tief ausatmen.

»Atme Frieden ein.«
Langsam und tief einatmen.

»Atme alles Schlechte aus.«
Langsam und tief ausatmen.

»All meine Traurigkeit, meine Wut und alles Schlechte verwandeln sich in strahlend weiße Funken der Liebe.«
Seien Sie ein paar langsame, tiefe Atemzüge lang ganz im gegenwärtigen Augenblick.

Visualisieren und fühlen Sie ein strahlend weißes Licht in Ihrem Herzchakra.

Nun fühlen Sie, wie dieses liebende Licht mit jedem langsamen, tiefen Einatmen immer mehr wird. Mit jedem Atemzug füllt sich Ihr gesamter Körper mit diesem liebenden Licht. Sie sind wie die Sonne – Ihr ganzer Körper strahlt dieses strahlend weiße, liebende Licht aus, das einen Lichtkranz um Sie herum bildet.

Seien Sie ein paar langsame, tiefe Atemzüge lang ganz im gegenwärtigen Augenblick.

Lassen Sie nun all Ihre erwachsenen Nachbarn vor Ihrem inneren Auge zusammenkommen und Ihnen gegenüber Platz nehmen. Mit dem Einatmen füllen Sie Ihr Herzchakra mit diesem liebenden Licht. Mit dem Ausatmen senden Sie das liebende Licht in glänzenden Strahlen aus Ihrem Herzchakra in die Herzchakren aller, die hier versammelt sind.

Seien Sie ein paar langsame, tiefe Atemzüge lang ganz im gegenwärtigen Moment, und lassen Sie das strahlend weiße, liebende Licht in Ihrem Herzchakra immer mehr werden.

Lassen Sie nun alle Erwachsenen Ihrer Gemeinde, Ihres Dorfes oder Ihrer Stadt vor Ihrem inneren Auge zusammenkommen und Ihnen gegenüber Platz nehmen. Mit dem Einatmen füllen Sie Ihr Herzchakra mit dem liebenden Licht. Mit dem Ausatmen senden Sie dieses liebende Licht in glänzenden Strahlen aus Ihrem Herzchakra in die Herzchakren aller, die hier versammelt sind.

Seien Sie ein paar langsame, tiefe Atemzüge lang ganz im gegenwärtigen Moment und lassen Sie das strahlend weiße, liebende Licht in Ihrem Herzchakra immer mehr werden.

Lassen Sie nun alle Erwachsenen Ihres Landes vor Ihrem inneren Auge zusammenkommen und Ihnen gegenüber Platz nehmen. Mit dem Einatmen füllen Sie Ihr Herzchakra mit dem liebenden Licht. Mit dem Ausatmen senden Sie dieses liebende Licht in glänzenden Strahlen aus Ihrem Herzchakra in die Herzchakren aller, die hier versammelt sind.

Seien Sie ein paar langsame, tiefe Atemzüge lang ganz im gegenwärtigen Moment und lassen Sie das strahlend weiße, liebende Licht in Ihrem Herzchakra immer mehr werden.

Lassen Sie nun alle Erwachsenen der Welt vor Ihrem inneren Auge zusammenkommen und Ihnen gegenüber Platz nehmen. Mit dem Einatmen füllen Sie Ihr Herzchakra mit diesem liebenden Licht. Mit dem Ausatmen senden Sie das liebende Licht in glänzenden Strahlen aus Ihrem Herzchakra in die Herzchakren aller, die hier versammelt sind.

Seien Sie ein paar langsame, tiefe Atemzüge lang ganz im gegenwärtigen Moment und lassen Sie das strahlend weiße, liebende Licht in Ihrem Herzchakra immer mehr werden.

Während Sie nun einatmen, füllen Sie Ihr Herzchakra weiterhin mit liebendem Licht. Und beim Ausatmen visualisieren Sie, wie sich all diese Erwachsenen auflösen und zu strahlend weißen Funken aus liebendem Licht werden.

Wenn Sie so weit sind, fahren Sie fort ...

»Atme Liebe ein.«
Langsam und tief einatmen.

»Atme Traurigkeit aus.«
Langsam und tief ausatmen.

»Atme Freude ein.«
Langsam und tief einatmen.

»Atme Wut aus.«
Langsam und tief ausatmen.

»Atme Frieden ein.«
Langsam und tief einatmen.

»Atme alles Schlechte aus.«
Langsam und tief ausatmen.

»All meine Traurigkeit, meine Wut und alles Schlechte verwandeln sich in strahlend weiße Funken der Liebe.«

Seien Sie ein paar langsame, tiefe Atemzüge lang ganz im gegenwärtigen Augenblick.

Mantra: **»Mögen alle Erwachsenen auf der ganzen Welt glücklich sein.«**

EINEM KIND LIEBE SCHICKEN

Dan und seine fünf Tage alte Tochter Lucie

»Ich war nicht in der Lage, eine enge Beziehung zu meinem Kind herzustellen; Ich hatte Angst, es zu verlieren.«

Nicole, Mutter eines Frühgeborenen

EINLEITUNG

Ein krankes Kind zu haben ist stressig, schwierig und herzzerreißend. Ihre Unfähigkeit, in Ordnung zu bringen, was nicht in Ordnung ist, kann dazu führen, dass Sie sich nutzlos, hilflos und hoffnungslos fühlen. Die Angst, das Kind zu verlieren, kann sich wie eine dunkle Wolke über die liebevolle Beziehung legen, die Sie und Ihr Kind so dringend brauchen. Bindungsfähigkeit macht uns zu mitfühlenden, liebenden menschlichen Wesen. Doch was tun wir, wenn wir uns unfähig fühlen, eine Beziehung herzustellen – weil wir Angst haben, weil wir unfähig sind, das Kind »in Ordnung« zu bringen, oder weil wir es aufgrund räumlicher Distanz oder eines Krankenhausapparats einfach nicht im Arm halten können?

Die folgende Meditation wurde entwickelt, nachdem ich mit einem Arzt und einer Krankenschwester der Intensivstation einer Kinderklinik sowie mit der Mutter eines sehr kranken Kindes gesprochen hatte. Sie alle sprachen davon, wie schwierig es ist, eine Beziehung zu einem Baby zu entwickeln und aufrechtzuerhalten, das in einem kritischen Zustand geboren wurde, und erwähnten auch das schmerzliche Gefühl des Ausgeschlossenseins, das sich einstellen kann, wenn bei einem Kind eine chronische Krankheit diagnostiziert wird oder es sich in einer lebensbedrohlichen Situation befindet. Die Unmöglichkeit, das Kind zu berühren und im

Arm zu halten, kann in Kombination mit der Angst, es zu verlieren dazu führen, dass man sich innerlich von ihm distanziert.

Möge die folgende Meditation dazu beitragen, das Band der Liebe zu stärken, das uns mit denen verbindet, die unsere Liebe brauchen.

KREATIVE IDEEN

Materialien

Stuhl oder Bett – alles, worauf Sie bequem sitzen können

Begriffe

»Atme Liebe / Frieden ein.« – Setzen Sie eines von diesen oder irgendein anderes positives, liebevolles Wort ein.

»Atme Angst / Traurigkeit / Wut / Schmerz aus.« – Setzen Sie einen von diesen oder irgendeinen negativen Begriff ein, der zu Ihrer Situation passt.

»Visualisiere vor deinem inneren Auge.« – Benutzen Sie Bilder, wenn nötig.

»Mama / Papa liebt dich.« – Hier können auch Geschwister und andere Familienmitglieder eingesetzt werden oder irgendeine positive Äußerung.

Einsatzmöglichkeiten

Machen Sie diese Meditation, wenn Ihr Kind nicht bei Ihnen ist, oder wenn Sie Probleme mit Ihrem Kind haben.

Machen Sie sie auch für kranke Erwachsene.

Machen Sie diese Meditation, wenn Sie schwanger sind oder wenn Sie ein Neugeborenes haben.

Ihre eigenen kreativen Ideen:

DIE MEDITATION

Diese Meditation gibt Erwachsenen, die ein chronisch krankes Kind haben, ein Kind in einer lebensbedrohlichen Situation oder ein Neugeborenes in kritischem Zustand, ein Werkzeug an die Hand, mit dessen Hilfe sie das Band der Liebe stärken können.

Setzen Sie sich bequem auf einen Stuhl oder auf Ihr Bett und achten Sie darauf, dass Ihr Rücken gerade ist. Formen Sie mit den Händen eine Almosenschale oder legen Sie sie locker in den Schoß. Die Augen können Sie offen lassen oder schließen.

Während Sie mit dem Meditieren beginnen, sagen Sie laut oder leise zu sich selbst: »Ich bin von Licht und Liebe umgeben.«

Formulieren Sie Ihre Absicht, zum Beispiel: »Ich widme diese Meditation der Liebe in uns allen.«

Atmen Sie langsam durch die Nase ein und aus, bis Sie ganz entspannt sind und bereit anzufangen.

»Atme Liebe ein.«
Langsam und tief einatmen.

»Atme Angst aus.«
Langsam und tief ausatmen.

»Atme Liebe ein.«
Langsam und tief einatmen.

»Atme Traurigkeit aus.«
Langsam und tief ausatmen.

»Atme Liebe ein.«
Langsam und tief einatmen.

»Atme Schmerz aus.«
Langsam und tief ausatmen.

»All meine Angst, meine Traurigkeit und mein Schmerz verwandeln sich in strahlend weißes, heilendes, liebendes Licht.«

Seien Sie ein paar langsame, tiefe Atemzüge lang ganz im gegenwärtigen Augenblick.

Visualisieren und fühlen Sie ein strahlend weißes, heilendes, liebendes Licht um sich herum.

Visualisieren Sie Ihr Kind, umgeben von diesem strahlend weißen, heilenden, liebenden Licht.

Und während Sie weiteratmen, sehen Sie mit Ihren inneren Augen dieses strahlend weiße, heilende, liebende Licht über Ihrem Kopf. Öffnen Sie das Kronenchakra auf dem Scheitel Ihres Kopfes, und während Sie nun einatmen, fließt dieses liebende Licht mit jedem Atemzug in Sie ein – hinter Ihre Augen, hinter Ihre Ohren, die Kehle hinab und in Ihr Herzchakra. Es fließt hinein, bis Ihr Herzchakra ganz voll ist von diesem liebenden Licht.

Seien Sie ein paar langsame, tiefe Atemzüge lang ganz im gegenwärtigen Augenblick.

Visualisieren Sie nun vor Ihrem inneren Auge dieses strahlend weiße, heilende, liebende Licht im Herzchakra Ihres Kindes.

Seien Sie ein paar langsame, tiefe Atemzüge lang ganz im gegenwärtigen Augenblick.

Öffnen Sie Ihr Herzchakra und schicken Sie dieses strahlend weiße, heilende, liebende Licht aus Ihrem Herzchakra in das Herzchakra Ihres Kindes. Erfüllen Sie Ihr Kind mit diesem liebenden Licht.

Seien Sie ein paar langsame, tiefe Atemzüge lang ganz im gegenwärtigen Augenblick.

Während Sie weiteratmen, fühlen Sie, wie sich das liebende Licht aus dem Herzchakra Ihres Kindes mit dem liebenden Licht aus Ihrem Herzchakra verbindet.

Seien Sie ein paar langsame, tiefe Atemzüge lang ganz im gegenwärtigen Moment.

Während Sie weiteratmen, fühlen Sie, wie die Macht der Liebe Sie und Ihr Kind verbindet und Sie beide heilt.

Seien Sie ein paar langsame, tiefe Atemzüge lang ganz im gegenwärtigen Moment.

Wenn Sie dazu bereit sind, senden Sie positive Worte der Heilung und der Liebe aus: »Ich liebe dich«, »Mama liebt dich«, »Papa liebt dich«, »Oma und Opa lieben dich«, »So viele Menschen lieben dich«...

Seien Sie ein paar langsame, tiefe Atemzüge lang ganz im gegenwärtigen Moment.

Atmen Sie ein und lassen Sie die Liebe Ihres Kindes zu Ihnen sprechen.

Seien Sie ein paar langsame, tiefe Atemzüge lang ganz im gegenwärtigen Augenblick.

Sehen Sie mit Ihren inneren Augen, wie Sie Ihr Kind zärtlich im Arm halten, wie Sie es lieben und dabei von diesem strahlend weißen, heilenden, liebenden Licht umgeben sind.

Seien Sie ganz im gegenwärtigen Moment und wenn Sie so weit sind, fahren Sie fort ...

»Atme Liebe ein.«
Langsam und tief einatmen.

»Atme Angst aus.«
Langsam und tief ausatmen.

»Atme Liebe ein.«
Langsam und tief einatmen.

»Atme Traurigkeit aus.«
Langsam und tief ausatmen.

»Atme Frieden ein.«
Langsam und tief einatmen.

»Atme Wut aus.«
Langsam und tief ausatmen.

»Meine ganze Angst, meine Traurigkeit und meine Wut verwandeln sich in ein flatterndes Band aus strahlend weißem, heilendem, liebendem Licht.«

Seien Sie ein paar langsame, tiefe Atemzüge lang ganz im gegenwärtigen Augenblick.

Mantra: **»Wir sind alle von strahlend weißem, heilendem, liebendem Licht umgeben.«**

TEIL III

MEDITATIONEN FÜR KINDER

SONNENSCHEIN-MEDITATION

Weller, zwei Jahre alt

EINLEITUNG

Sie haben hoffentlich alle schon diese Momente erlebt, in denen Sie sich wie ein stolzer Pfau fühlen. Sie stolzieren einher und fühlen sich ein bisschen größer, ein bisschen leichter, ein bisschen glücklicher, und alles ist einfach genau richtig in Ihrer Welt.

Wenn Kinder sich so fühlen, kommen sie sich vor wie ein kleiner Sonnenschein und sehen auch so aus. Dann möchten Sie in ihrer Nähe sein, in ihrer Freude baden und die Liebe einatmen, die sie ausstrahlen.

Diese Meditation lehrt Kinder, wie sie in Kontakt mit dem Ort der Liebe in sich selbst kommen und diese Liebe wachsen lassen können, wann immer sie sie brauchen.

KREATIVE IDEEN

Materialien

Meditationskissen – ein Kissen, eine zusammengefaltete Decke oder ein Teppich; ein Ort, den Sie innen oder außen erschaffen

Begriffe

»Ball aus Sonnenlicht / Ball aus Liebe / Energieball aus Liebe«

Einsatzmöglichkeiten

Machen Sie diese Meditation, wenn ein Kind sich in einer neuen oder unbehaglichen Situation zurechtfinden soll.

Machen Sie sie unmittelbar, bevor Familienmitglieder oder Freunde zu Besuch kommen oder im Auto, bevor Sie Ihre Familie oder Freunde besuchen.

Machen Sie diese Meditation morgens vor der Schule.

Machen Sie diese Meditation selbst. Sie dauert nur eine Minute und zahlt sich wirklich aus, sowohl für Sie als auch für Ihre Kinder. Sie kann schnell irgendwo eingeschoben werden – überall und jederzeit.

Ihre eigenen kreativen Ideen:

DIE MEDITATION

Diese Meditation lehrt Kinder, ihren Selbstwert zu erkennen und aufzubauen, und bringt ihnen bei, wie man sich selbst mit innerer Liebe füllt.

Ordnen Sie die Meditationskissen im Kreis an.

»Wir sitzen mit gekreuzten Beinen, halten unseren Rücken ganz gerade und unsere Köpfe schön hoch. Die Hände liegen gekreuzt über unserem Herzchakra.«

»Möge dieser Kreis von Licht und Liebe umgeben sein.«

Formulieren Sie Ihre Absicht, zum Beispiel: »Ich möchte mich selbst mit innerer Liebe füllen.«

»Unter euren gekreuzten Händen liegt ein Ball aus Sonnenlicht, und der ist ganz voll mit Liebe. Jedes Mal, wenn ihr einatmet, wird euer Ball aus Sonnenlicht größer und größer und größer. Und jetzt füllen wir uns ganz mit diesem strahlenden Ball aus Sonnenlicht, der voller Liebe ist.«

»Jetzt atmen wir ein und lassen unseren Ball aus Sonnenlicht immer größer werden.«
(Übertrieben langes Einatmen, übertrieben langes Ausatmen.)

»Und größer.«
(Übertrieben langes Einatmen, übertrieben langes Ausatmen.)

»Und noch größer.«
(Übertrieben langes Einatmen, übertrieben langes Ausatmen.)

»Spürt ihr, dass ihr schon ganz voll von Liebe seid?«

»Jetzt sind wir alle strahlende Bälle aus Sonnenlicht.«

Mantra: **»Wir sind Sonnenscheinliebe.«**

AUM-MEDITATION

Avery, zwei Jahre alt

»Hanna, geh jetzt in dein eigenes Bett;
Papa kann nicht einschlafen.«
»Papa, wenn du nicht einschlafen kannst,
musst du einfach deine Hand auf dein Herz legen
und ›Aummm‹ machen.«

Die zweijährige Hanna und ihr Vater

EINLEITUNG

Wenn ich diese Meditation zum ersten Mal mit einem Kind mache, setze ich mich mit gekreuzten Beinen hin und nehme das Kind, ebenfalls mit gekreuzten Beinen, auf den Schoß. Ich lege meine Hände über die Hände des Kindes und seine Hände über sein Herzchakra. Dann wiege ich mich vor und zurück und falle mit Singsang-Stimme in einen Sprechgesang: »Aummm, Aummm, Aummm.« Ich lade das Kind ein, mit mir zu singen. Wenn das Kind einstimmt, frage ich: »Spürst du das Kribbeln in deiner Hand? Das ist die Schwingung der Liebe.«

Die Schwingung des »Aum« ist Liebe; sie ist in allem, in jedem Menschen und überall. »Aum« klingt genauso wie das »aum« in »Baum« oder in »Traum«. Wir singen also: »Aummm, ich mag meinen Baum, den Traum in meinem Bett, den Flaum auf Mamas Haut, und Papa mag ich auch. Aummm, Aummm, Aummm.«

Wenn ein Kind Heimweh nach seinen Eltern hat, sage ich: »Leg deine Hand auf dein Herzchakra und singe ›Aummm‹. Spürst du, wie die Liebe darin schwingt? Auch wenn deine Mama und dein Papa jetzt gerade nicht da sind, ist ihre Liebe immer bei dir. Immer wenn du spüren willst, wie lieb Mama und Papa dich haben, kannst du deine Hand hierhin legen. Ihre Liebe ist nämlich immer genau hier, in deinem Herzen. Es gibt so viele Menschen, die dich lieben, und diese ganze Liebe ist genau hier, in deinem Herzen.« So lernen Kinder, dass sie immer auf diese Liebe zurückgreifen und sich selbst trösten können, wann immer sie es brauchen.

KREATIVE IDEEN

Materialien

Meditationskissen – ein Kissen, eine zusammengefaltete Decke oder ein Teppich; ein Ort, den Sie innen oder außen erschaffen

Begriffe

»Herzchakra« – Herz

»Schwingung der Liebe« – Liebesenergie

»Sprechgesang« – Singen auf einem Ton, monotones Singen

»Mama / Papa« – Hier können auch die Namen von anderen Familienmitgliedern oder Freunden eingesetzt werden.

Einsatzmöglichkeiten

Setzen Sie diese Meditation ein, wann immer ein Kind Trost braucht.

Machen Sie sie vor den Mahlzeiten oder vor dem Zubettgehen.

Benutzen Sie diese Meditation, um Kindern zu zeigen, wie sie sich selbst beruhigen können, wenn sie Angst haben oder verletzt sind.

Machen Sie diese Meditation vor einem Besuch beim Arzt oder im Krankenhaus.

Machen Sie diese Meditation, bevor das Kind morgens zur Schule geht.

Machen Sie sie, um Kinder zu beruhigen, wenn sie Sehnsucht nach einem Elternteil oder einer anderen Person haben, die ihnen wichtig ist.

Setzen Sie sie, ein, wenn das Kind eine geliebte Bezugsperson vermisst, die gestorben ist.

Ihre eigenen kreativen Ideen:

DIE MEDITATION

Durch diese Meditation lernen Kinder, dass Liebe immer in ihrem eigenen Innern ist und dass sie darauf zurückgreifen können, wann immer sie es für nötig halten.

Ordnen Sie die Meditationskissen im Kreis an.

»Wir sitzen mit gekreuzten Beinen, halten unseren Rücken ganz gerade und unsere Köpfe schön hoch. Unsere Hände bilden eine Almosenschale.«

»Möge dieser Kreis von Licht und Liebe umgeben sein.«

Formulieren Sie Ihre Absicht, zum Beispiel: »Ich möchte euch zeigen, dass Liebe immer in euch ist.«

»Aum ist der Klang der Liebe. So klingt Liebe. Aum ist in allen Dingen und in jedem Menschen. Liebe ist überall. Der Klang des Aum ist zum Beispiel in dem Wort Baum. Baum, aummm ... aummm ... aummm ... Baum. Hört ihr das? Ein Baum ist ein Ort der Liebe.«

»Wir können unsere Liebe wecken, indem wir ›Aummm‹ singen. Wir legen jetzt unsere Hände auf unser Herzchakra, wiegen uns vor und zurück und singen ›Aummm, Aummm, Aummm‹.«

»Spürt ihr, wie eure Hände anfangen zu kribbeln? Das ist eure Liebesschwingung. Alles und jedes hat eine Liebesschwingung, jeder Mensch, der dich liebt – deine Mama, dein Papa, deine Oma und dein Opa. Ihre Liebe ist immer bei dir, auch wenn sie selbst nicht da sind. Die Liebe ist immer bei dir. Jedes Mal, wenn ihr traurig seid oder wütend, oder wenn es euch schlecht geht und ihr aufwachen und eure Liebesschwingung spüren wollt, legt ihr einfach eure Hände auf euer Herzchakra und singt ›Aummm, Aummm, Aummm‹, und schon spürt ihr eure Liebesschwingung.«

»Jetzt wiegen wir uns vor und zurück und singen das Aum dreimal.«

Das Folgende wird im Singsang-Ton gesungen:

»Aummm, ich mag meinen Baum, den Traum in meinem Bett, den Flaum auf Mamas Haut, und Papa mag ich auch …«

»Aummm, ich mag meinen Baum, den Traum in meinem Bett, den Flaum auf Mamas Haut, und Papa mag ich auch …«

»Aummm, ich mag meinen Baum, den Traum in meinem Bett, den Flaum auf Mamas Haut, und Papa mag ich auch …«

»Aummm, Aummm, Aummm.«

Mantra: **»Liebe ist immer bei uns.«**

Der reinigende Atem

Lisa bringt Zwei- und Dreijährigen das Meditieren bei

EINLEITUNG

Erinnern Sie sich, wie es war, als Sie sich selbst oder ein Kind damit beruhigt haben, dass Sie sagten: »Beruhige dich, und atme ein paar Mal ganz tief durch«? Sie schauen dem Kind in die Augen, und dann atmen Sie zusammen, bis das Kind ganz ruhig ist.

Die Meditation »Der reinigende Atem« funktioniert so ähnlich. Sie besteht aus einem langen, tiefen Einatmen (bei Erwachsenen durch die Nase), wobei der Atem bis ganz hinunter in den Unterbauch fließt, und einem langen Ausatmen (durch den Mund), bis die ganze Luft wieder draußen ist. Kinder ahmen nach, was Sie vormachen. Geben Sie keinen Kommentar dazu ab. Vorschulkinder haben die Tendenz, durch den Mund ein- und auszuatmen. Es ist an ihnen selbst, sich der Kraft ihres Atems bewusst zu werden.

Sie können diese Meditation zu ganz unterschiedlichen Zwecken einsetzen: wenn ein Kind beruhigt werden muss, um einem Kind zu helfen, angstvolle Gedanken und Gefühle loszulassen, sich in einer neuen Situation zurechtzufinden oder seine Gedanken zu konzentrieren. Diese Meditation wurde bereits in Autos, in Flugzeugen und auf Schiffen, bei Ärzten, Zahnärzten und in Krankenhäusern eingesetzt. Sie kann jederzeit und überall praktiziert werden. Ich mache sie zu Beginn und am Ende vieler meiner Meditationssitzungen mit Kindern.

KREATIVE IDEEN

Materialien

Meditationskissen – ein Kissen, eine zusammengefaltete Decke oder ein Teppich; ein Ort, den Sie innen oder außen erschaffen

Klangerzeuger – eine Klangschale, eine Glocke oder ein Energy Chime, das auf einen Ton gestimmt ist

Klöppel – ein Klöppel oder Löffel aus Holz, eventuell mit Leder oder Stoff umwickelt

Begriffe

»Atme Liebe / Freude / Frieden ein.« – Setzen Sie eines von diesen oder irgendein anderes positives, liebendes Wort ein.

»Atme Traurigkeit / Wut / alles Schlechte aus.« – Setzen Sie einen von diesen oder irgendeinen anderen negativen Begriff ein.

Einsatzmöglichkeiten

Setzen Sie diese Meditation ein, um bei einem Kind Stress abzubauen.

Machen Sie sie, wann immer ein Kind beruhigt werden muss oder es sich konzentrieren soll.

Machen Sie diese Meditation, wenn Ihr Kind einen Albtraum hatte.

Setzen Sie diese Meditation ein, um Ihr Kind zu beruhigen, wenn es mit einer neuen oder beängstigenden Situation konfrontiert ist.

Nutzen Sie diese Meditation jederzeit und überall als schnelle, einfache und sehr kraftvolle Lernhilfe für kleine Kinder.

Ihre eigenen kreativen Ideen:

DIE MEDITATION

Durch diese Meditation lernen Kinder, dass sie negative Gefühle und Gedanken loslassen und durch positive ersetzen können.

Ordnen Sie die Meditationskissen im Kreis an und stellen Sie die Klangschale in die Mitte.

»Wir sitzen mit gekreuzten Beinen, halten unseren Rücken ganz gerade und unsere Köpfe schön hoch. Unsere Hände bilden eine Almosenschale, und unsere Augen sind auf die Klangschale in der Mitte des Kreises gerichtet.«

Schlagen Sie die Klangschale an.

Alle lauschen, bis der Ton verklungen ist.

»Möge dieser Kreis von Licht und Liebe umhüllt sein.«

Formulieren Sie Ihre Absicht, zum Beispiel: »Wir wollen traurige, wütende und schlechte Gefühle loslassen und sie durch Liebe, Freude und Frieden ersetzen.«

»Ich schlage jetzt die Schale an und dann atmen wir dreimal. Mit dem ersten Atemzug atmen wir Liebe ein.«

Die Klangschale anschlagen.

»Atme Liebe ein.«
Übertrieben langes Einatmen durch die Nase.

»Atme Traurigkeit aus.«
Übertrieben langes Ausatmen durch den Mund.

Die Klangschale anschlagen.

»Atme Freude ein.«
Übertrieben langes Einatmen durch die Nase.

»Atme Wut aus.«
Übertrieben langes Ausatmen durch den Mund.

Die Klangschale anschlagen.

»Atme Frieden ein.«
Übertrieben langes Einatmen durch die Nase.

»Atme alles Schlechte aus.«
Übertrieben langes Ausatmen durch den Mund.

»All meine Traurigkeit, meine Wut und alles Schlechte verwandeln sich in strahlend weiße Funken der Liebe.«
Mantra: **»Heute sind wir voller Liebe, Freude und Frieden.«**

Den Segen einfangen

Avery, zwei Jahre alt, fängt den Segen ihrer Mutter Aimee ein.

EINLEITUNG

Wir sind alle gesegnet. In dieser Meditation geht es darum, dass wir unseren »Segen einfangen« um sicherzustellen, dass wir ihn nicht verpassen und letztlich mit leeren Händen dastehen, wo diese doch mit Liebe gefüllt sein könnten.

In dieser Meditation lernen die Kinder, darüber zu entscheiden, wo sie mehr Segen beziehungsweise Liebe brauchen, und ihn dann genau dorthin zu schicken. Das kann in ihrem Herzen sein, in ihrem Geist, in ihren Händen oder sogar in einem ihrer Ellbogen.

KREATIVE IDEEN

Materialien

Meditationskissen – ein Kissen, eine zusammengefaltete Decke oder ein Teppich; ein Ort, den Sie innen oder außen erschaffen

Indianische Rassel – Rassel an einem verzierten Stock; verzierter Stock mit Glöckchen

Begriffe

»Segen« oder »Segnungen« – Liebestropfen, Geschenke der Liebe

Einsatzmöglichkeiten

Setzen Sie diese Meditation ein, wann immer ein Kind Liebe braucht.

Machen Sie diese Meditation, wenn das Kind einen Verlust erlitten hat und dieses Vakuum mit Liebe gefüllt werden muss.

Nutzen Sie diese Meditation, um einem Kind beizubringen, wie man liebevolle Segnungen entgegennimmt.

Machen Sie diese Meditation, um Kindern zu zeigen, dass wir uns alle gegenseitig segnen können.

Ihre eigenen kreativen Ideen:

DIE MEDITATION

Durch diese Meditation lernen Kinder, dass Segen immer in ihnen und um sie herum ist, und dass wir alle jederzeit die Macht haben, liebevolle Segnungen zu geben und zu empfangen.

Ordnen Sie die Meditationskissen im Kreis an und legen Sie die Rassel in die Mitte.

»Wir sitzen mit gekreuzten Beinen, halten unseren Rücken ganz gerade und unsere Köpfe schön hoch. Unsere Hände bilden eine Almosenschale.«

Schütteln Sie die Rassel in einem großen Kreis über den Köpfen der Kinder und sagen Sie:

»Möge dieser Kreis von Licht und Liebe umhüllt sein.«

Formulieren Sie Ihre Absicht, zum Beispiel: »Wir wollen nach dem Segen suchen, der überall um uns herum ist.«

»Macht euch bereit, euren Segen einzufangen. Überlegt, wo ihr ihn braucht. Vielleicht braucht ihr liebevolle Gefühle in eurem Herzen, liebevolle Worte in euer Kehle oder liebevolle Gedanken in eurem Kopf.«

Schütteln Sie die Rassel über dem Kopf eines jeden Kindes. Fordern Sie die Kinder auf, die Hände zu einer Almosenschale zu formen und sich der Rassel entgegenzurecken. Die Kinder sollen die Segnungen entgegennehmen und dann die Hände auf die Stelle legen, wo die Segnungen ihrem Gefühl nach gebraucht werden.

»Gut, sind alle voll und ganz mit Segen gefüllt, oder wollt ihr noch mehr?«

Schütteln Sie die Rassel über den ausgestreckten Händen der Kinder, die das Gefühl haben, noch mehr Segen zu brauchen. Wenn Sie fertig sind, segnen Sie alle, indem Sie die Rassel in einem großen Kreis über den Köpfen der Kinder ausschütteln und das folgende Mantra sprechen:

Mantra: **»Wir sind immer gesegnet.«**

Die Glocke einladen

Lisa lehrt die Meditation »Die Glocke einladen« mit einer Eintonglocke.

»Lisa, ich weiß, was du denkst.
Du denkst daran, wie lieb du uns hast.«

Joseph, drei Jahre alt

EINLEITUNG

Ich habe diese Meditation nach dem Besuch eines tibetischen Meditationsretreats entwickelt, bei dem wir gelernt haben, auf den Klang der Glocke zu hören. Kinder mögen alle Arten von Klängen, und sie lieben Glockenklang. Indem man einem Kind beibringt, innezuhalten und auf den Klang einer Glocke zu hören, bis er ganz verklungen ist, bringt man ihm bei, ganz still zu sein und zu lauschen, innen und außen. Man lehrt es, ganz im gegenwärtigen Augenblick zu sein.

Wenn ich die Kinder mit der Glocke bekannt mache, sage ich: »Wenn ich diese Glocke anschlage, denke ich daran, wie sehr ich euch liebe und wie froh ich bin, heute bei euch zu sein.«

Der Klang der Glocke kann eingesetzt werden, um überaktive, laute oder negative Energie in ruhige, friedliche und liebevolle Energie zu verwandeln. Er kann auch genutzt werden, um Kinder auf sanfte Weise wissen zu lassen, dass gleich etwas Wichtiges gesagt oder etwas Neues gemacht wird.

KREATIVE IDEEN

Materialien

Meditationskissen – ein Kissen, eine zusammengefaltete Decke oder ein Teppich; ein Ort, den Sie innen oder außen erschaffen

Klangerzeuger – eine Klangschale, eine Glocke oder ein Energy Chime, das auf einen Ton gestimmt ist

Klöppel – ein Klöppel oder Löffel aus Holz, eventuell mit Leder oder Stoff umwickelt

Begriffe

»Die Glocke anschlagen.«

Einsatzmöglichkeiten

Setzen Sie diese Meditation ein, wann immer sich ein Kind konzentrieren muss oder daran erinnert werden soll, ganz im Moment zu sein.

Machen Sie sie, wenn ein Kind Liebe braucht oder daran erinnert werden muss, dass es geliebt wird.

Machen Sie diese Meditation immer dann, wenn ein Kind Heimweh oder Sehnsucht nach jemandem hat. Auf diese Weise kann das Kind dieser Person seine Liebe schicken.

Setzen Sie diese Meditation ein, wann immer das negative Benehmen eines Kindes in positive Energie verwandelt werden soll.

Ihre eigenen kreativen Ideen:

DIE MEDITATION

Durch diese Meditation lernen Kinder, still und ganz bei sich selbst zu sein. Außerdem lernen sie, ganz im gegenwärtigen Augenblick zu sein und diesen Moment wertzuschätzen.

Ordnen Sie die Meditationskissen im Kreis an und stellen Sie die Glocke oder Klangschale mit dem Klöppel in die Mitte.

»Wir sitzen mit gekreuzten Beinen, halten unseren Rücken ganz gerade und unsere Köpfe schön hoch. Unsere Hände bilden eine Almosenschale, und unsere Augen sind auf die Glocke in der Mitte des Kreises gerichtet.«

Schlagen Sie die Glocke an.

Alle lauschen, bis der Ton verklungen ist.

»Möge dieser Kreis von Licht und Liebe umgeben sein.«

Formulieren Sie Ihre Absicht, zum Beispiel: »Wir wollen alle gemeinsam ganz in diesem Moment sein und ihn wertschätzen.«

»Wenn ich nun diese Glocke anschlage, denke ich daran, wie sehr ich euch liebe und wie froh ich bin, dass ihr hier bei mir seid. Wenn Ihr also den Klang der Glocke hört, dann ist das der Klang meiner Liebe für euch.«

Die Glocke anschlagen.

Alle lauschen, bis der Ton verklungen ist.

»Jetzt hören wir alle auf den Klang der Glocke und fragen uns: ›Wohin geht der Klang dieser Glocke?‹«

Die Glocke anschlagen.

Alle sitzen ganz still und schauen sich um, bis der Ton verklungen ist.

»Nun wollen wir den Klang der Glocke zusammen mit unserer Liebe in unser Zuhause und zu unserer ganzen Familie schicken.«

Die Glocke anschlagen.

»Da fliegt sie. Da fliegt unsere Liebe zu unserem Zuhause und zu unserer ganzen Familie. Sie werden alle mit Liebe erfüllt.«

Alle lauschen, bis der Ton verklungen ist.

»Nun wollen wir den Klang der Glocke einladen, uns selbst mit Liebe zu erfüllen.«

Die Glocke anschlagen.

»Da kommt er. Atmet den Klang der Glocke ein. Wir werden alle mit Liebe erfüllt.«

Alle lauschen, bis der Ton verklungen ist.

Mantra: »Heute sind wir ganz voll mit Liebe.«

GEHMEDITATION

Lisa bildet mit den Kindern einen Kreis.

EINLEITUNG

Indem Sie sich Zeit nehmen, sich mit Ihrem Kind in der Natur aufzuhalten und die Natur zu beobachten, machen Sie ihm ein wunderbares Geschenk. Stellen Sie sich laut Fragen wie diese: »Wo dieser Vogel wohl hinfliegt?« »Schau, wie die Blätter im Wind fliegen.« »Spürst du die warme Sonne?« Und geben Sie auch Ihrem Kind Zeit, sich zu wundern, zu beobachten und etwas über die Natur zu lernen.

Kinder sind sehr neugierig und können einer Sache lange Aufmerksamkeit schenken, wenn sie daran interessiert sind. Und für »Natur« interessieren sich alle Kinder.

Die folgende Meditation können Sie einsetzen, wenn Sie mit Ihrem Kind zu Fuß unterwegs sind, wenn Sie zusammen Auto fahren, wenn Sie gemeinsam aus dem Fenster schauen, wenn Sie in einem Wartezimmer sitzen oder wenn Sie ein neues Haus oder ein unbekanntes Gebäude betreten.

Nehmen Sie sich Zeit, alles zu beobachten, was sich um Ihr Kind herum abspielt. Achten Sie darauf, dass die Augen Ihres Kindes lang genug auf dem ruhen können, was es interessiert. Sagen Sie etwas zu den Geräuschen und dazu, wo sie herkommen. Kommentieren Sie, was Menschen tun und wohin sie gehen. Lassen Sie die Augen Ihres Kindes verweilen, wenn es eine Baustelle anschaut, wenn es den Postboten beobachtet oder den Bäcker. Kinder sind an jedem Ding und an jedem Menschen interessiert. Wir müssen uns Zeit nehmen, dies anzuerkennen und zu achten und auch den Kindern genügend Zeit dafür geben.

KREATIVE IDEEN

Materialien

Tibetisches Horn – jedes beliebige Horn oder Instrument erfüllt denselben Zweck. Statt Aum zu singen, blase ich während dieser Meditation dreimal in mein Horn und gebe damit allen Tieren, den Bäumen und der Luft das Zeichen, sich bereit zu machen, weil die Kinder kommen. Die Kinder lieben das! Mein Horn klingt für sie wie das Trompeten eines Elefanten.

Begriffe

»auf liebende Weise« – mit Offenheit; so, wie es der eigenen wahren Natur entspricht

Einsatzmöglichkeiten

Machen Sie diese Meditation sowohl im Haus als auch draußen im Freien, wenn Sie jemanden zum ersten Mal besuchen, im Museum, am Strand, in der Stadt, überall. Kinder sind von Natur aus neugierig auf das Leben; alles und jedes interessiert sie.

Ich setze diese Meditation ein, wenn Kinder zum ersten Mal in mein Haus kommen. Auf diese Weise mache ich sie mit den Dingen in meinem Haus vertraut und bringe ihnen bei, welche sie berühren dürfen und welche nur zum Anschauen da sind. Ich erzähle ihnen, wo ich Dinge gekauft habe oder wer sie mir gegeben hat und was sie mir bedeuten. Ich zeige ihnen, was hinter jeder Tür ist, wo die einzelnen Zimmer liegen und welche Funktion sie haben. Ich glaube, dieses Wissen hilft Kindern, sich stark und wohl zu fühlen.

Ihre eigenen kreativen Ideen:

DIE MEDITATION

Durch dieses freudvolle Gehen lernen Kinder, ihre Umwelt zu respektieren, zu ehren und Verantwortung für sie zu übernehmen.

Versammeln Sie sich mit den Kindern im Freien und bilden Sie einen Kreis.

Strecken Sie einen Arm nach oben und beschreiben Sie über den Köpfen der Kinder einen großen Kreis. Sagen Sie dabei: »Mögen diese Kinder von Licht und Liebe umgeben sein.«

Formulieren Sie Ihre Absicht, zum Beispiel: »Wir wollen Liebe und Freude in der Welt um uns herum sehen, hören und fühlen.«

Fordern Sie nun die Kinder auf, es Ihnen gleichzutun.
Alle berühren ihre Füße.
»Mögen diese Füße auf dem Pfad der Liebe wandern.«

Alle berühren ihre Hände.
»Mögen diese Hände auf liebevolle Weise berühren.«

Alle berühren ihre Augen.
»Mögen diese Augen auf liebevolle Weise sehen.«

Alle berühren ihre Ohren.
»Mögen diese Ohren auf liebevolle Weise hören.«

Alle berühren ihre Nase.
»Möge diese Nase auf liebevolle Weise riechen.«

Alle berühren ihren Mund.
»Möge dieser Mund auf liebevolle Weise sprechen.«

Alle berühren ihre Stirn.
»Möge dieser Verstand auf liebevolle Weise denken.«

Alle zusammen singen: »Aummm, Aummm, Aummm«.

Oder Sie blasen dreimal in das tibetische Horn und sagen: »Wir rufen alle Vögel, Insekten, Tiere, Blumen und Bäume an, die alle vor Liebe sprühen. Hier kommen wir anmarschiert.«

Fangen Sie im Rhythmus des folgenden Sprechgesangs an zu gehen:

»Liebe – soll uns – führen.«

»Liebe – soll uns – führen.«

»Liebe – soll uns – führen.«

Auf Ihrem Weg betrachten, riechen und berühren Sie die ganze Natur um sich herum. Nutzen Sie die Gelegenheit, innezuhalten, zu schauen und zu lauschen.

Stellen Sie Fragen wie: »Ich frage mich, wo dieser Vogel wohl hinfliegt.« »Wie hoch dieser Schmetterling wohl fliegen kann?« »Wo dieses Eichhörnchen wohl wohnt?« »Wie konnte dieser Baum nur so groß werden?« Fragen Sie, um den Horizont der Kinder zu erweitern, nicht um Antworten zu bekommen. Es geht immer darum, die Kinder in ihre Umwelt einzubinden.

Am Ende des Spaziergangs versammeln sich alle wieder im Kreis, und Sie nehmen sich einen Moment Zeit, um Ihre Dankbarkeit zum Ausdruck zu bringen:

»Wir danken den Bäumen dafür, dass sie die Luft sauber machen und den Vögeln Schutz geben. Wir danken dem Regen, weil er uns Wasser zum Trinken gibt und den Fischen und Fröschen einen Platz, wo sie leben können. Wir danken der Sonne, weil sie uns warm hält und weil sie unser Essen und die Blumen wachsen lässt.«

Strecken Sie einen Arm aus, beschreiben Sie einen großen Kreis, und sprechen Sie das folgende Mantra: **»Wir sind dankbar für die liebevollen Gaben der Natur.«**

DANKBARKEITS-MEDITATION

Hanna, zwei Jahre alt

»Ich bin dankbar für meine kleine Schwester.«

Walker, drei Jahre alt

EINLEITUNG

Wir haben so viel, wofür wir dankbar sein können. Ich durfte oft erleben, wie sehr Kinder sich freuen, wenn sie die Möglichkeit bekommen, ihre Dankbarkeit zum Ausdruck zu bringen.

Diese Meditation zeigt Kindern nicht nur, wie wichtig Dankbarkeit ist, sondern gibt ihnen auch die Chance zu lernen, wie sie ihre Dankbarkeit für das zum Ausdruck bringen können, was in ihrem Leben wirklich wichtig ist: Familie, Freunde, Gemeinschaft, Zuhause und Umwelt.

Wir alle finden jeden Tag etwas, wofür wir danken können.

KREATIVE IDEEN

Materialien

Meditationskissen – ein Kissen, eine zusammengefaltete Decke oder ein Teppich; ein Ort, den Sie innen oder außen erschaffen

Klangschale – eine Metallschale, eine Glocke oder eine Eintonglocke

Klöppel – ein Klöppel oder Löffel aus Holz, eventuell mit Leder oder Stoff umwickelt

Indianische Rassel – Rassel an einem verzierten Stock; verzierter Stock mit Glöckchen

Begriffe

»Lehrer« – Vater, Mutter, Großvater, Großmutter oder Freund

»lehren« – ein Eltern- oder Großelternteil sein; ein Freund sein

Einsatzmöglichkeiten

Nutzen Sie diese Meditation, um Dankbarkeit für all das zu vermitteln, was wir bekommen, was uns geschenkt wird.

Machen Sie sie, um für die Geburt eines Kindes zu danken.

Machen Sie sie an jedem Geburtstag, um Ihre Dankbarkeit für die Geburt des betreffenden Kindes zum Ausdruck zu bringen.

Machen Sie diese Meditation, um für die Geschenke zu danken, die Sie an Feiertagen und Geburtstagen bekommen haben.

Machen Sie sie, wenn Familienmitglieder und Freunde zu Besuch sind, als Dank für die Zeit, die Sie mit ihnen verbringen dürfen.

Nutzen Sie sie, um Ihre Dankbarkeit für diese Welt und alles, was sie uns gibt, zum Ausdruck zu bringen.

Machen Sie diese Meditation vor den Mahlzeiten, um für das Essen zu danken und den Menschen, die es gekocht haben.

Machen Sie diese Meditation, um Ihre Dankbarkeit gegenüber einem Verstorbenen oder für ein vergangenes Ereignis zum Ausdruck zu bringen.

Ihre eigenen kreativen Ideen:

DIE MEDITATION

Durch diese Meditation lernen Kinder, wie wichtig es ist, sich Zeit zu nehmen und für alle Geschenke des Lebens zu danken.

Ordnen Sie die Meditationskissen im Kreis an und platzieren Sie Klangschale und Rassel im Zentrum des Kreises.

»Wir sitzen mit gekreuzten Beinen, halten unseren Rücken ganz gerade und unsere Köpfe schön hoch. Unsere Hände bilden eine Almosenschale, und unsere Augen sind auf die Klangschale in der Mitte des Kreises gerichtet.«

Schlagen Sie die Klangschale an.

Alle lauschen, bis der Ton verklungen ist.

Dann schütteln Sie die Rassel in einem großen Kreis über den Köpfen der Kinder und sagen dabei:

»Möge dieser Kreis von Licht und Liebe umgeben sein.«

Formulieren Sie Ihre Absicht, zum Beispiel: »Ich möchte euch lehren, wie wichtig es ist, dass man sich Zeit nimmt, um dankbar zu sein.«

»Ich schlage jetzt die Schale an und dann atmen wir dreimal. Mit dem ersten Atemzug atmen wir Liebe ein.«

Die Klangschale anschlagen.

»Atme Liebe ein.«
Übertrieben langes Einatmen.

»Atme Traurigkeit aus.«
Übertrieben langes Ausatmen.

Die Klangschale anschlagen.

»Atme Freude ein.«
Übertrieben langes Einatmen.

»Atme Wut aus.«
Übertrieben langes Ausatmen.

Die Klangschale anschlagen.

»Atme Frieden ein.«
Übertrieben langes Einatmen.

»Atme alles Schlechte aus.«
Übertrieben langes Ausatmen.

»All meine Traurigkeit, meine Wut und alles Schlechte verwandeln sich in strahlend weiße Funken der Liebe.«

»Ich bin so dankbar, dass ich euch heute hier habe. Danke, dass ihr bei mir seid.«

Die Klangschale anschlagen.

Legen Sie Ihre Hände gekreuzt über Ihr Herzchakra. Strecken Sie die Hände in Dankbarkeit nach dem ersten Kind zu Ihrer Rechten aus und sagen Sie:

»Aummm, Aummm, Aummm, ich bin so dankbar, dass .... (Name des Kindes) heute da ist.«

Machen Sie das Gleiche mit jedem Kind.

Dann sagen Sie, beginnend bei dem Kind zu Ihrer Rechten:

»....... (Name des Kindes), wofür bist du heute dankbar?«

Wenn das Kind geantwortet hat, legen alle Kinder ihre Hände gekreuzt auf ihr Herzchakra.

Die Klangschale anschlagen.

Heben Sie die Arme und schauen Sie zum Himmel, während Sie das Folgende singen:

»Aummm, Aummm, Aummm, ... (Name des Kindes) ist dankbar für ......«

Wiederholen Sie das Gleiche mit jedem Kind.

»Nun werden wir die Meditation mit drei reinigenden Atemzügen beenden.«

Die Klangschale anschlagen.

»Atme Liebe ein.«
Übertrieben langes Einatmen.

»Atme Traurigkeit aus.«
Übertrieben langes Ausatmen.

Die Klangschale anschlagen.

»Atme Freude ein.«
Übertrieben langes Einatmen.

»Atme Wut aus.«
Übertrieben langes Ausatmen.

Die Klangschale anschlagen.

»Atme Frieden ein.«
Übertrieben langes Einatmen.

»Atme alles Schlechte aus.«
Übertrieben langes Ausatmen.

»All meine Traurigkeit, meine Wut und alles Schlechte verwandeln sich in strahlend weiße Funken der Liebe.«

Nehmen Sie die Rassel in die Hand und sagen Sie:

»Formt mit euren Händen eine Almosenschale und macht euch bereit, den Segen zu empfangen.«

Schütteln Sie die Rassel über den Händen jedes Kindes aus, damit jedes Einzelne seinen Segen einfangen kann.

»Bringt eure Segnungen dahin, wo ihr sie braucht: in euer Herz für liebevolle Gefühle, in euren Kopf für liebevolle Gedanken, in eure Kehle für liebevolle Worte.«

Wenn sich alle Kinder ausreichend mit Segnungen gefüllt haben, schütteln Sie die Rassel in einem großen Kreis vor sich aus und sprechen das folgende Mantra: **»Wir sind so dankbar für alles, was wir haben.«**

KLANGSCHALEN-MEDITATION

Nicole zeigt ihrer drei Jahre alten Tochter Sophia, was Schwingung ist.

»Hilfe, ich brauche eine Klangschale!
George hat jede Schale, die wir im Haus haben, ausprobiert und gesagt:
›Nein, das ist nicht der richtige Ton, Mama.‹«

Mutter des drei Jahre alten George

EINLEITUNG

Diese Meditation mögen die Kinder besonders gern, und sie bitten mich oft, die Schale auf ihren Händen »singen« zu lassen, damit sie ihre Liebesschwingung hören und fühlen können.

Ich stelle die Klangschale auf die ausgestreckte Handfläche des Kindes, halte seine Hand mit meiner fest und sage: »Jetzt wollen wir deine Liebesschwingung finden.« Wenn ich dann mit dem Holzklöppel am Rand der Metallschale entlangfahre, beginnt die Schale zu schwingen und zu »singen«. »Da ist sie«, sage ich. »So klingt deine Liebesschwingung, und so fühlt sie sich an. Alle Dinge senden Liebesschwingungen aus.«

Kinder lieben das Kribbeln der Schwingungen auf ihrer Handfläche.

KREATIVE IDEEN

Materialien

Meditationskissen – ein Kissen, eine zusammengefaltete Decke oder ein Teppich; ein Ort, den Sie innen oder außen erschaffen

Klangschale – irgendeine Metallschale oder eine »echte« Klangschale

Klöppel – ein Klöppel oder Löffel aus Holz, eventuell mit Leder oder Stoff umwickelt

Indianische Rassel – Rassel an einem verzierten Stock; verzierter Stock mit Glöckchen

Begriffe

»Liebesschwingung« – Energie

»kribbeln« – vibrieren

Einsatzmöglichkeiten

Nutzen Sie diese Meditation, um Kindern zu zeigen, dass alles und jeder über Schwingung und Energie verfügt.

Mit dieser Meditation können Sie Kindern beibringen, dass Musik, Worte und all unsere Handlungen Energie bewegen und eine bestimmte Schwingung erzeugen.

Machen Sie diese Meditation, um Liebe zu erzeugen – für sich selbst, für andere und für Ihre Umwelt.

Ihre eigenen kreativen Ideen:

DIE MEDITATION

Durch diese Meditation lernen Kinder etwas über Schwingung. Sie lernen, dass alles schwingt und dass alles Liebesschwingungen aussendet.

Ordnen Sie die Meditationskissen im Kreis an und platzieren Sie Klangschale, Klöppel und Rassel im Zentrum des Kreises.

»Wir sitzen mit gekreuzten Beinen, halten unseren Rücken ganz gerade und unsere Köpfe schön hoch. Unsere Hände bilden eine Almosenschale und unsere Augen sind auf die Klangschale in der Mitte des Kreises gerichtet.«

Schlagen Sie die Klangschale an.

Alle lauschen, bis der Ton verklungen ist.

Dann schütteln Sie die Rassel in einem großen Kreis über den Köpfen der Kinder und sagen dabei:

»Möge dieser Kreis von Licht und Liebe umhüllt sein.«

Formulieren Sie Ihre Absicht, zum Beispiel: »Ich möchte euch zeigen, dass alles Liebesschwingungen aussendet.«

»Ich schlage jetzt die Schale an, und dann atmen wir dreimal. Mit dem ersten Atemzug atmen wir Liebe ein.«

Die Klangschale anschlagen.

»Atme Liebe ein.«
Übertrieben langes Einatmen.

»Atme Traurigkeit aus.«
Übertrieben langes Ausatmen.

Die Klangschale anschlagen.

»Atme Freude ein.«
Übertrieben langes Einatmen.

»Atme Wut aus.«
Übertrieben langes Ausatmen.

Die Klangschale anschlagen.

»Atme Frieden ein.«
Übertrieben langes Einatmen.

»Atme alles Schlechte aus.«
Übertrieben langes Ausatmen.

»Alle Traurigkeit, alle Wut und alles Schlechte verwandeln sich in strahlend weiße Funken der Liebe.«

»Gleich werden wir hören, wie meine Liebesschwingung klingt.«

Stellen Sie die Klangschale auf Ihre Handfläche und umfahren Sie ihren Rand mit dem Klöppel, bis die Schale zu »singen« beginnt.

»Hört ihr das? Das ist der Klang meiner Liebesschwingung. Sie kitzelt. Jeder Mensch und jedes Ding sendet Liebesschwingungen aus.«

»Jetzt lassen wir die Klangschale herumgehen, damit ihr alle eure eigene Liebesschwingung hören könnt.«

Nun stellen Sie die Klangschale auf die ausgestreckte Handfläche jedes Kindes, halten Ihre eigene Hand zur Unterstützung darunter und umfahren den Rand der Schale mit dem Klöppel, bis die Schale zu »singen« beginnt.

»Spürst du, wie es kitzelt? Das ist deine Liebesschwingung. Hörst du das? So klingt deine Liebe.«

Wenn Sie die Liebesschwingung eines jeden Kindes gefunden haben, stellen Sie die Klangschale in die Mitte des Kreises zurück und sagen:

»Nun wollen wir unsere Meditation mit drei reinigenden Atemzügen beenden.«

Die Klangschale anschlagen.

»Atme Liebe ein.«
Übertrieben langes Einatmen.

»Atme Traurigkeit aus.«
Übertrieben langes Ausatmen.

Die Klangschale anschlagen.

»Atme Freude ein.«
Übertrieben langes Einatmen.

»Atme Wut aus.«
Übertrieben langes Ausatmen.

Die Klangschale anschlagen.

»Atme Frieden ein.«
Übertrieben langes Einatmen.

»Atme alles Schlechte aus.«
Übertrieben langes Ausatmen.

»Alle Traurigkeit, alle Wut und alles Schlechte verwandeln sich in strahlend weiße Funken der Liebe.«

Nehmen Sie die Rassel in die Hand und sagen Sie:

»Formt mit euren Händen eine Almosenschale und macht euch bereit, euren Segen entgegenzunehmen.«

Schütteln Sie die Rassel über den Händen jedes Kindes aus, damit jedes Einzelne seinen Segen einfangen kann.

»Bringt euren Segen dahin, wo ihr ihn braucht: in euer Herz für liebevolle Gefühle, in euren Kopf für liebevolle Gedanken, in eure Kehle für liebevolle Worte.«

Wenn alle Kinder aufgehört haben, sich selbst mit Segnungen zu füllen, schütteln Sie die Rassel in einem großen Kreis vor sich aus und sprechen das folgende Mantra: **»Alles sendet Liebesschwingungen aus.«**

Kristallmeditation

Sophie, zwei Jahre alt, öffnet ihre Kehle, damit ihre liebenden Worte herauskommen können.

»Ich glaube, meine Liebe ist stecken geblieben.«

Wyatt, drei Jahre alt

EINLEITUNG

Wir alle sind voller Liebe. Und wir alle können die Entscheidung treffen, stets auf sanfte und liebevolle Weise zu sprechen, zu denken, zu berühren und zuzuhören.

Für Kinder ist es besonders wichtig zu verstehen, dass liebevolle Gefühle bereits in ihnen sind. Der Kristall kann lediglich helfen, den Weg freizumachen, wenn diese liebevollen Gefühle einmal »stecken geblieben« sind.

KREATIVE IDEEN

Materialien

Meditationskissen – ein Kissen, eine zusammengefaltete Decke oder ein Teppich; ein Ort, den Sie innen oder außen erschaffen

Klangschale – eine Metallschale, eine Glocke oder ein auf einen Ton gestimmtes Energy Chime

Klöppel – ein Klöppel oder Löffel aus Holz, eventuell mit Leder oder Stoff umwickelt

Indianische Rassel – Rassel an einem verzierten Stock; verzierter Stock mit Glöckchen

Rosenquarz-Kristall – oder auch ein Tannenzapfen, ein Kieselstein, eine Blume oder irgendetwas, das für Ihr Kind eine besondere Bedeutung hat

Begriffe

»Ich öffne meine Kehle, damit liebevolle Worte herauskommen können / meine Hände, damit sie liebevoll berühren können.«

»Ich benutze meine Füße, um liebevoll damit zu gehen / meine Augen, um liebevoll damit zu sehen.«

Einsatzmöglichkeiten

Machen Sie diese Meditation zu Beginn eines Tages oder eines Ereignisses.

Machen Sie sie, um einem Kind, das jemanden geschlagen hat, zu zeigen, wie man seine Hände für eine liebevolle Berührung öffnet.

Zeigen Sie einem überaktiven Kind mit dieser Meditation, wie man seine Füße benutzt, um liebevoll zu gehen.

Nutzen Sie diese Meditation, um einem Kind, das etwas Unfreundliches gesagt hat, beizubringen, wie man seine Kehle für liebevolle Worte öffnet.

Einem Kind, dessen Liebe irgendwann im Laufe des Tages »stecken geblieben« ist, gebe ich den Kristall, den es dann so lange in der Hand hält, bis die Liebe wieder frei fließt.

Ihre eigenen kreativen Ideen:

DIE MEDITATION

Durch diese Meditation lernen Kinder, dass sie für sich selbst verantwortlich sind – für das, was sie sagen; dafür, wie sie berühren; für das, was sie denken – und dass sie die Wahl haben, auf sanfte und liebevolle Weise zu leben.

Ordnen Sie die Meditationskissen im Kreis an und platzieren Sie Klangschale, Klöppel, Rassel und Rosenquarz im Zentrum des Kreises.

»Wir sitzen mit gekreuzten Beinen, halten unseren Rücken ganz gerade und unsere Köpfe schön hoch. Unsere Hände bilden eine Almosenschale, und unsere Augen sind auf die Klangschale in der Mitte des Kreises gerichtet.«

Schlagen Sie die Klangschale an.

Alle lauschen, bis der Ton verklungen ist.

Dann schütteln Sie die Rassel in einem großen Kreis über den Köpfen der Kinder und sagen:

»Möge dieser Kreis von Licht und Liebe umhüllt sein.«

Formulieren Sie Ihre Absicht, zum Beispiel: »Ich möchte euch zeigen, dass wir alle die Wahl haben, liebevoll zu berühren, zu sprechen und zu denken.«

»Ich schlage jetzt die Schale an, und dann atmen wir dreimal. Mit dem ersten Atemzug atmen wir Liebe ein.«

Die Klangschale anschlagen.

»Atme Liebe ein.«
Übertrieben langes Einatmen.

»Atme Traurigkeit aus.«
Übertrieben langes Ausatmen.

Die Klangschale anschlagen.

»Atme Freude ein.«
Übertrieben langes Einatmen.

»Atme Wut aus.«
Übertrieben langes Ausatmen.

Die Klangschale anschlagen.

»Atme Frieden ein.«
Übertrieben langes Einatmen.

»Atme alles Schlechte aus.«
Übertrieben langes Ausatmen.

»Alle Traurigkeit, alle Wut und alles Schlechte verwandeln sich in strahlend weiße Funken der Liebe.«

Die Klangschale anschlagen.

Halten Sie den Kristall mit beiden Händen über Ihr Herzchakra und schaukeln Sie dabei vor und zurück.

»Ich öffne mein Herz für meine liebevollen Gefühle, Aummm, Aummm, Aummm.«

Führen Sie den Kristall mit beiden Händen an Ihre Kehle.

»Ich öffne meine Kehle für meine liebevollen Worte, Aummm, Aummm, Aummm.«

Führen Sie den Kristall mit beiden Händen an Ihre Stirn.

»Ich öffne meinen Geist für meine liebevollen Gedanken, Aummm, Aummm, Aummm.«

Geben Sie den Kristall mit beiden Händen an das Kind zu Ihrer Rechten weiter.

Die Klangschale anschlagen.

Schaukeln Sie vor und zurück.
»........ (Name des Kindes) öffnet sein / ihr Herz für seine / ihre liebevollen Gefühle, Aummm, Aummm, Aummm.«

Das Kind führt den Kristall an die Kehle.

»........ (Name des Kindes) öffnet seine / ihre Kehle für seine / ihre liebevollen Worte, Aummm, Aummm, Aummm.«

Das Kind führt den Kristall an die Stirn.

»........ (Name des Kindes) öffnet seinen / ihren Geist für seine / ihre liebevollen Gedanken, Aummm, Aummm, Aummm.«

Das Kind gibt den Kristall an seinen Nachbarn zur Rechten weiter. Die Klangschale wird angeschlagen, und die drei Sätze werden gesungen. So geht es weiter, bis alle Kinder an der Reihe waren.

Formen Sie mit den Händen eine Schale, in die das letzte Kind den Kristall legen kann. Dann legen Sie ihn in die Mitte des Kreises zurück.

»Nun wollen wir unsere Meditation mit drei reinigenden Atemzügen beenden.«

Die Klangschale anschlagen.

»Atme Liebe ein.«
Übertrieben langes Einatmen.

»Atme Traurigkeit aus.«
Übertrieben langes Ausatmen.

Die Klangschale anschlagen.

»Atme Freude ein.«
Übertrieben langes Einatmen.

»Atme Wut aus.«
Übertrieben langes Ausatmen.

Die Klangschale anschlagen.

»Atme Frieden ein.«
Übertrieben langes Einatmen.

»Atme alles Schlechte aus.«
Übertrieben langes Ausatmen.

»Alle Traurigkeit, alle Wut und alles Schlechte verwandeln sich in strahlend weiße Funken der Liebe.«

Nehmen Sie die Rassel in die Hand und sagen Sie:

»Formt mit euren Händen eine Almosenschale und macht euch bereit, euren Segen entgegenzunehmen.«

Schütteln Sie die Rassel über den Händen jedes Kindes aus, damit alle ihren Segen einfangen können.

»Bringt euren Segen dahin, wo ihr ihn braucht: in euer Herz für liebevolle Gefühle, in euren Kopf für liebevolle Gedanken, in eure Kehle für liebevolle Worte.«

Wenn alle Kinder aufgehört haben, sich selbst mit Segnungen zu füllen, schütteln Sie die Rassel in einem großen Kreis vor sich aus und sprechen das folgende Mantra: **»Wir sind alle ganz offen für die Liebe.«**

Regenbogen-Meditation

Walker, drei Jahre alt, und seine Mutter Cheryl senden einen heilenden Regenbogen der Liebe aus.

»Lisa, mein Großvater hat mir einen Regenbogen geschickt!«

Ein glücklicher Dreijähriger

EINLEITUNG

Dieser kleine Junge hatte seinen Großvater über alles geliebt, und als der Großvater plötzlich und unerwartet starb, war nicht zu übersehen, wie traurig er war. In unserer Meditation an diesem Tag schickten wir seinem Großvater einen »heilenden Regenbogen der Liebe«. Wir wussten nämlich, dass auch sein Großvater traurig war. Er vermisste seinen Enkel und hatte keine Gelegenheit gehabt, ihm auf Wiedersehen zu sagen. Ich sagte dem Jungen, wann immer er seinem Großvater Liebe schicken wolle, könne er ihm einfach einen »heilenden Regenbogen der Liebe« senden. Als er in der darauf folgenden Woche zum Grab seines Großvaters ging, schaute er auf und sah einen doppelten Regenbogen am Himmel.

Wir alle tragen einen »heilenden Regenbogen der Liebe« in uns. Es ist sowohl an uns, uns selbst zu heilen, als auch, den Regenbogen an jeden Ort und zu jedem Menschen zu schicken, der ihn braucht.

KREATIVE IDEEN

Materialien

Meditationskissen – ein Kissen, eine zusammengefaltete Decke oder ein Teppich; ein Ort, den Sie innen oder außen erschaffen

Klangschale – eine Metallschale, eine Glocke oder eine Eintonglocke

Klöppel – ein Klöppel oder Löffel aus Holz, eventuell mit Leder oder Stoff umwickelt

Indianische Rassel – Rassel an einem verzierten Stock; verzierter Stock mit Glöckchen

Begriffe

»Chakra« – eines von sieben Energiezentren im Körper. Jedem Chakra ist eine bestimmte Regenbogenfarbe zugeordnet.

Einsatzmöglichkeiten

Nutzen Sie diese Meditation, um einen Regenbogen der Liebe zu einem Menschen, einem Tier, einem System... zu schicken, der oder das nach Meinung Ihres Kindes Liebe braucht. Das kann ein Familienmitglied sein, ein Haustier, die Erde und so weiter.

Schicken Sie verstorbenen Familienmitgliedern einen Regenbogen der Liebe.

Schicken Sie verstorbenen Haustieren einen Regenbogen der Liebe.

Machen Sie diese Meditation, wenn es darum geht, einen Regenbogen der Liebe an Menschen zu schicken, die traurig sind, oder an Orte, an denen etwas Trauriges passiert ist und wo nun mehr Liebe gebraucht wird.

Ihre eigenen kreativen Ideen:

DIE MEDITATION

Durch diese Meditation lernen Kinder, dass Liebe geschickt und entgegengenommen werden kann. Sie gibt ihnen Gelegenheit, sich selbst und andere zu heilen.

Ordnen Sie die Meditationskissen im Kreis an und platzieren Sie Klangschale, Klöppel und Rassel in der Mitte des Kreises.

»Wir sitzen mit gekreuzten Beinen, halten unseren Rücken ganz gerade und unsere Köpfe schön hoch. Unsere Hände bilden eine Almosenschale, und unsere Augen sind auf die Klangschale in der Mitte des Kreises gerichtet.«

Schlagen Sie die Klangschale an.

Alle lauschen, bis der Ton verklungen ist.

Dann schütteln Sie die Rassel in einem großen Kreis über den Köpfen der Kinder und sagen:

»Möge dieser Kreis von Licht und Liebe umgeben sein.«

Formulieren Sie Ihre Absicht, zum Beispiel: »Ich möchte euch zeigen, dass wir die heilende Liebe, die in uns ist, anderen und der ganzen Welt um uns herum schicken können.«

»Ich schlage jetzt die Schale an, und dann atmen wir dreimal. Mit dem ersten Atemzug atmen wir Liebe ein.«

Die Klangschale anschlagen.

»Atme Liebe ein.«
Übertrieben langes Einatmen.

»Atme Traurigkeit aus.«
Übertrieben langes Ausatmen.

Die Klangschale anschlagen.

»Atme Freude ein.«
Übertrieben langes Einatmen.

»Atme Wut aus.«
Übertrieben langes Ausatmen.

Die Klangschale anschlagen.

»Atme Frieden ein.«
Übertrieben langes Einatmen.

»Atme alles Schlechte aus.«
Übertrieben langes Ausatmen.

»Alle Traurigkeit, alle Wut und alles Schlechte verwandeln sich in strahlend weiße Funken der Liebe.«

»Nun schicken wir unsere heilenden Regenbögen nach oben durch den obersten Punkt unseres Kopfes. Und los geht's …«

Während sich Ihre Hand allmählich aus der Position der Almosenschale zum Scheitel Ihres Kopfes bewegt, sagen Sie:

»Rot« (Almosenschale im Schoß)

»Orange« (kurz unter dem Bauchnabel)

»Gelb« (über dem Bauchnabel)

»Grün« (Herzchakra)

»Blau« (Kehlkopfchakra)

»Indigo« (Stirn, drittes Auge)

»Violett« (Scheitelpunkt auf dem Kopf)

Beschreiben Sie mit der Hand einen großen Kreis über den Köpfen der Kinder und sagen Sie:
»Jetzt machen wir einen ganz großen Regenbogenkreis um uns herum. Und jetzt ziehen wir den Regenbogenkreis nach oben und unten auseinander und zwirbeln beide Enden zusammen, bis wir in einem großen Regenbogenballon sitzen. Da sitzen wir nun, in einem großen Regenbogenball aus Liebe.«

»Und jetzt geben wir dem Regenbogenball alles Traurige, Wütende oder Schlechte und alles, was wir nicht wollen, und der Regenbogen macht Liebe daraus.«

Geben Sie dem Regenbogen, was Sie nicht haben wollen, und unterstreichen Sie diesen Vorgang mit Gesten. Nehmen Sie die Hände zu Hilfe. Die Kinder ahmen Sie nach, und wenn Sie möchten, können Sie auch Geräusche dazu machen.

»Der Regenbogenball ist ganz voll mit heilender Liebe. Davon nehmen wir uns, was wir brauchen, und füllen uns bis oben hin mit heilender Liebe.«

Greifen Sie in die Luft, holen Sie sich so viel von dem Regenbogen, wie Sie brauchen, und legen Sie es sich auf Ihr Herzchakra.

»Nun schicken wir den Regenbogen in unsere ganze Stadt. Da geht er hinaus aus dem Fenster und spannt sich über die ganze Stadt. Sagt allen Kindern, dass sie dem Regenbogen alles geben sollen, was traurig oder schlecht ist. Und der Regenbogen wird es in Liebe verwandeln.«

»Kinder unserer Stadt, gebt dem Regenbogen eure ganze Traurigkeit, eure Wut und alles, was schlecht ist, und er wird es in Liebe verwandeln.«
»Jetzt dürfen sich die Kinder eurer Stadt alles nehmen, was sie aus dem Regenbogen brauchen, und sich selbst mit Liebe erfüllen.«

»Kinder unserer Stadt, nehmt euch aus dem Regenbogen, was ihr braucht, und erfüllt euch selbst mit Liebe.«

»Jetzt nehmen wir den Regenbogenball und lassen ihn um alle Kinder Europas kreisen.«

»Sagt den Kindern Europas, dass sie dem Regenbogen alles geben können, was sie traurig oder wütend macht und weswegen sie sich schlecht fühlen, und es wird sich in Liebe verwandeln.«

»Und nun wollen wir den Kindern Europas sagen, dass sie sich vom Regenbogen nehmen dürfen, was sie brauchen, und dass sie sich selbst mit Liebe erfüllen können.«

»Kinder Europas, nehmt euch vom Regenbogen, was ihr braucht, und erfüllt euch selbst mit Liebe.«

»Nun schicken wir den Regenbogen um die ganze Welt und sagen allen Kindern der Welt, dass sie dem Regenbogen alles geben können, was sie traurig oder wütend macht und was dafür verantwortlich ist, dass sie sich schlecht fühlen. Der Regenbogen wird es in Liebe verwandeln.«

»Jetzt wollen wir den Kindern der Welt sagen, dass sie sich vom Regenbogen nehmen dürfen, was sie brauchen, und dass sie sich selbst mit Liebe erfüllen können.«
»Kinder der Welt, nehmt euch vom Regenbogen, was ihr braucht, und erfüllt euch selbst mit Liebe.«

»Nun hüllen wir uns wieder in den heilenden Regenbogenball der Liebe ein.«

Führen Sie Ihre Hand in einem großen Kreis über die Köpfe der Kinder und sagen Sie:

»Wenn es noch etwas gibt, das euch traurig oder wütend macht oder euch ein schlechtes Gefühl gibt, so könnt ihr es dem Regenbogen geben, und es wird in Liebe verwandelt.«

»Nun holen wir unseren Regenbogen der Liebe in unser Inneres zurück.«

Während sich Ihre rechte Hand langsam vom Scheitelpunkt Ihres Kopfes bis hinunter zur anderen Hand in Ihrem Schoß bewegt, sagen Sie:

»Violett« (Scheitelpunkt auf dem Kopf)

»Indigo« (Stirn, drittes Auge)

»Blau« (Kehlkopfchakra)

»Grün« (Herzchakra)

»Gelb« (über dem Bauchnabel)

»Orange« (kurz unter dem Bauchnabel)

»Rot« (Almosenschale im Schoß)

»Nun wollen wir unsere Meditation mit drei reinigenden Atemzügen beenden.«

Schlagen Sie die Klangschale an.

»Atme Liebe ein.«
Übertrieben langes Einatmen.

»Atme Traurigkeit aus.«
Übertrieben langes Ausatmen.

Die Klangschale anschlagen.

»Atme Freude ein.«
Übertrieben langes Einatmen.

»Atme Wut aus.«
Übertrieben langes Ausatmen.

Die Klangschale anschlagen.

»Atme Frieden ein.«
Übertrieben langes Einatmen.

»Atme alles Schlechte aus.«
Übertrieben langes Ausatmen.
»Alle Traurigkeit, alle Wut und alles Schlechte verwandeln sich in strahlend weiße Funken der Liebe.«

Nehmen Sie die Rassel in die Hand und sagen Sie:

»Formt mit euren Händen eine Almosenschale und macht euch bereit, euren Segen entgegenzunehmen.«

Schütteln Sie die Rassel über den Händen jedes Kindes aus, damit alle ihren Segen einfangen können.

»Bringt euren Segen dahin, wo ihr ihn braucht: in euer Herz für liebevolle Gefühle, in euren Kopf für liebevolle Gedanken, in eure Kehle für liebevolle Worte.«

Wenn alle Kinder aufgehört haben, sich selbst mit Segnungen zu füllen, schütteln Sie die Rassel in einem großen Kreis über den Kindern und sprechen das folgende Mantra: **»Unsere Welt ist von einem heilenden Regenbogen der Liebe umgeben.«**

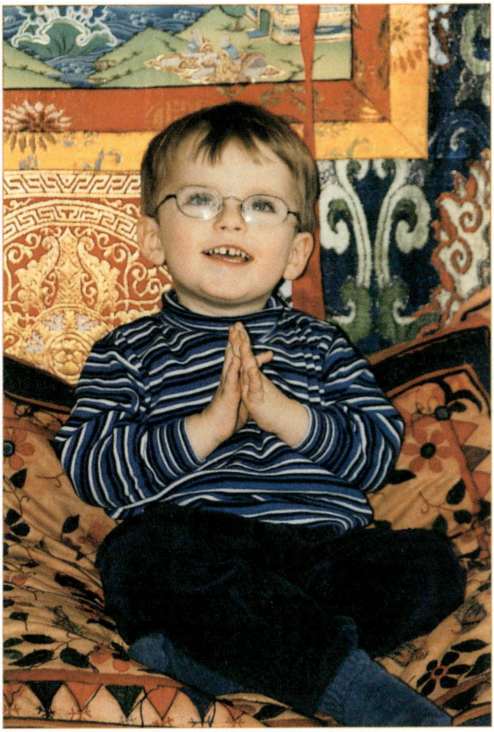

Namaste – Jack, zwei Jahre alt

SCHLUSSWORT

Zu Beginn und am Ende dieses Buches sind Kinder mit zusammengelegten Händen abgebildet: Namaste. Damit wollen sie sagen: »Aus dem Juwel in mir, vom Ort der Liebe, grüße ich das Juwel in dir, deinen Ort der Liebe.«

Namaste für jeden Einzelnen von Ihnen.

Lisa

Wir schicken unsere Liebe an alle Kinder dieser Welt.

DANK

Allen voran danke ich den Mönchen und Nonnen des Klosters Kopan in Kathmandu, Nepal. Ein spezielles Dankeschön an Namgyal, Gelick sowie an die hinduistischen und buddhistischen Gelehrten und spirituellen Meister.

Jim und Shelley Hagan von Wisdom Tours danke ich dafür, dass sie diese Welt mit mir teilen;

John und Mary Abele für ihre Freundschaft und ihren Glauben an mich;

Cheryl Storey, weil sie mir unendlich viel Zeit und Weisheit geschenkt und die scheinbar endlose Arbeit auf sich genommen hat, dieses Buch herauszugeben;

Fred und Ann Schmidt, weil die ursprüngliche Anregung, dieses Buch zu schreiben, von ihnen kam.

Weiterhin danke ich meinen Eltern, Nils und Hellen Jonsson, die mir gezeigt haben, wie viel Freude es macht, bedingungslos geliebt zu werden;

meinen Söhnen, Joshua und Tyler, die ich bedingungslos liebe und die meine ersten Lehrer waren;

meinen Großeltern Emma und Sune Franson, deren Leben nichts als Liebe, Freude und Frieden war und die all das weitergegeben haben – an mich und an alle, die sie kannten;

meinen Brüdern und ihren Familien für ihre Unterstützung und ihren Enthusiasmus: Lance und Maryann Jonsson, Kerri, Talon, Kelly, Christy und dem freundlichen, süßen Nick, Christopher und Wendy Jonsson und ihren bezaubernden Mädchen Casey und Lily;

meiner Schwester und ihrer Familie für ihre Ermutigung und ihre Ideen: Linda und Don Ohlmeyer, Kemper, Drew, Wendy und der süßen Alexa sowie Skye, Chris, Julie und dem niedlichen Benjamin, Todd und Kati.

Außerdem danke ich Jackson Ohlmeyer, von dem ich in seinem kurzen Leben viel gelernt habe und der eine Meditation in diesem Buch inspiriert hat.

Tara Guber danke ich für ihre enthusiastische Ermutigung,

Trina Webster für ihre wunderbaren Bilder;

Chris, Suzanne und George Davis für ihre Unterstützung und ihren schönen Unterrichtsraum.

Ich bedanke mich auch bei meiner Agentin, Sabine Hrechdakin, die von Anfang an an dieses Buch glaubte und mir sehr geholfen hat;

bei Patty Rice und Andrews McMeel Publishing für ihre Energie und ihren Enthusiasmus

sowie bei allen Kindern und Eltern, die an meinem Programm teilgenommen haben; ohne sie hätte dieses Buch nicht geschrieben werden können.

Osel Dorje Rinpoche danke ich dafür, dass er diesem Buch seinen Segen gegeben hat, und meinen Lehrern für ihre Geduld, ihre Weisheit, ihre Fröhlichkeit und ihre Liebe.

Über die Autorin

Lisa Desmond lebt, lehrt und schreibt in Neu England und hat zwei erwachsene Kinder. Sie hat eine Meditationsmethode für Kinder zwischen achtzehn Monaten und drei Jahren entwickelt. Mit dieser Methode arbeitet sie bereits seit Mitte der neunziger Jahre. Seit 1977 unterrichtet sie Kinder vom Vorschulalter bis zur achten Klasse an Schulen in Maine, Georgia, Kalifornien und Vermont. Von 1999 bis 2002 entwickelte sie am All Souls Interfaith Gathering, einem spirituellen Zentrum in Vermont, ein Programm, das Kindern vom Kindergarten bis zur sechsten Klasse Spiritualität und Meditation nahe bringt.

Mit einem Stipendium des Brimmer Fund of Boston reiste Lisa Desmond nach Nepal und Tibet. Dort meditierte sie unter der Anleitung von tibetischen Mönchen und wurde von tibetisch-buddhistischen sowie von hinduistischen Gelehrten und spirituellen Meistern unterwiesen. Lisa hat ihre Meditationen unter anderem an die Ärzte und Schwestern der Kinderintensivstation eines Bostoner Krankenhauses weitergegeben.

Gegenwärtig gibt Lisa Meditationsunterricht für Vorschulkinder und Workshops zum Thema spirituelle Erziehung.